Indiska Smaker

En Resa genom Kryddornas Mångfald

Ananya Sundar

Innehållsförteckning

Introduktion

Indisk mat varierar enormt. Vilken typ av mat du än är intresserad av – kött, fisk eller vegetarisk – hittar du ett recept som passar din smak och ditt humör. Medan curry oundvikligen förknippas med Indien, används denna term helt enkelt för kött eller grönsaker tillagade i en kryddig sås, vanligtvis ätit med ris eller indiskt bröd. Som denna samling av tusen indiska recept kommer att visa dig, är indisk mat inte begränsad till de välbekanta restaurangfavoriterna.

Mat tas på största allvar i Indien och matlagning anses vara en konst. Varje indisk stat har sina egna traditioner, kultur, livsstil och mat. Även enskilda hushåll kan ha sina egna hemliga recept på pulver och pastor som utgör ryggraden i rätten. Men vad alla indiska rätter har gemensamt är den delikata alkemin av kryddor som ger dem deras karakteristiska smak.

Recepten i boken är autentiska, som du kan stöta på i ett indiskt hem – ändå är de enkla, så om det här är första gången du ska laga indisk mat, slappna av. Allt du behöver göra är att vända blad, välja det som kittlar dig och skapa en utsökt måltid, på det indiska sättet!

Smet stekt fisk

Serverar 4

Ingredienser

1 kg/2¼lb marulk, flådd och filéad

½ tsk gurkmeja

Salt att smaka

125 g/4½ oz besan*

3 msk ströbröd

½ tsk chilipulver

½ tsk mald svartpeppar

1 grön chili, hackad

1 tsk ajowanfrön

3 msk hackade korianderblad

500ml/16fl oz vatten

Raffinerad vegetabilisk olja för fritering

Metod

- Marinera fisken med gurkmeja och salt i 30 minuter.

- Blanda ihop resten av ingredienserna, förutom oljan, till en smet.

- Hetta upp oljan i en panna. Doppa den marinerade fisken i smeten och fritera på medelvärme tills den är gyllenbrun.

- Låt rinna av på absorberande papper och servera varm.

Fisk Caldine

(Goan-stil fisk)

Serverar 4

Ingredienser

3 msk raffinerad vegetabilisk olja

3 stora lökar, fint skivade

6 gröna chili, slits på längden

750g/1lb 10oz filéad havsabborre, hackad

1 tsk malen spiskummin

1 tsk gurkmeja

1 tsk ingefärspasta

1 tsk vitlökspasta

360ml/12fl oz kokosmjölk

2 tsk tamarindpasta

Salt att smaka

Metod

- Hetta upp oljan i en kastrull. Tillsätt löken och stek på låg värme tills den får färg.

- Tillsätt den gröna chilin, fisken, malen spiskummin, gurkmeja, ingefärspasta, vitlökspasta och kokosmjölken. Blanda väl och låt sjuda i 10 minuter.

- Tillsätt tamarindpastan och saltet. Blanda väl och låt sjuda i 15 minuter. Servera varm.

Räkor och äggcurry

Ingredienser

3 msk raffinerad vegetabilisk olja

2 kryddnejlika

2,5 cm kanel

6 svartpepparkorn

2 lagerblad

1 stor lök, finhackad

½ tsk gurkmeja

1 tsk ingefärspasta

1 tsk vitlökspasta

1 tsk garam masala

12 stora räkor, skalade och urvattnade

Salt att smaka

200 g/7 oz tomatpuré

120ml/4fl oz vatten

4 hårdkokta ägg, halverade på längden

Metod

- Hetta upp oljan i en kastrull. Tillsätt kryddnejlika, kanel, pepparkorn och lagerblad. Låt dem sprattla i 15 sekunder.

- Tillsätt övriga ingredienser, förutom tomatpurén, vatten och ägg. Fräs på medelvärme i 6-7 minuter. Tillsätt tomatpurén och vattnet. Sjud i 10-12 minuter.

- Tillsätt äggen försiktigt. Sjud i 4-5 minuter. Servera varm.

Fish Molee

(Fisk tillagad i Basic Simple Curry)

Serverar 4

Ingredienser

2 msk ghee

1 liten lök, finhackad

4 vitlöksklyftor, fint skivade

2,5 cm/1in rot ingefära, fint skivad

6 gröna chili, slits på längden

1 tsk gurkmeja

Salt att smaka

750 ml/1¼ pints kokosmjölk

1 kg/2¼lb havsabborre, flådd och filéad

Metod

- Hetta upp ghee i en kastrull. Tillsätt lök, vitlök, ingefära och chili. Stek på låg värme i 2 minuter. Tillsätt gurkmejan. Koka i 3-4 minuter.

- Tillsätt salt, kokosmjölk och fisk. Blanda väl och låt sjuda i 15-20 minuter. Servera varm.

Räkor Bharta

(Räkor tillagade i klassisk indisk sås)

Serverar 4

Ingredienser

100ml/3½fl oz senapsolja

1 tsk spiskummin

1 stor lök, riven

1 tsk gurkmeja

1 tsk garam masala

2 tsk ingefärspasta

2 tsk vitlökspasta

2 tomater, fint hackade

3 gröna chili, slits på längden

750 g/1 lb 10 oz räkor, skalade och rensade

250ml/8fl oz vatten

Salt att smaka

Metod

- Hetta upp oljan i en kastrull. Tillsätt spiskummin. Låt dem sprattla i 15 sekunder. Tillsätt löken och stek på medelvärme tills den är brun.

- Tillsätt alla resterande ingredienser. Sjud i 15 minuter och servera varm.

Kryddig fisk och grönsaker

Serverar 4

Ingredienser

2 msk senapsolja

500g/1lb 2oz citrontunga, skalad och filéad

¼ tsk senapsfrön

¼ tsk fänkålsfrön

¼ tsk bockhornsklöverfrön

¼ tsk spiskummin

2 lagerblad

½ tsk gurkmeja

2 torra röda chili, halverade

1 stor lök, fint skivad

200 g/7 oz frysta blandade grönsaker

360ml/12fl oz vatten

Salt att smaka

Metod

- Hetta upp oljan i en kastrull. Tillsätt fisken och stek på medelvärme tills den är gyllenbrun. Vänd och upprepa. Häll av och ställ åt sidan.

- Till samma olja, tillsätt senap, fänkål, bockhornsklöver och spiskummin, lagerblad, gurkmeja och röd chili. Stek i 30 sekunder.

- Tillsätt löken. Stek på medelvärme i 1 minut. Tillsätt resterande ingredienser och den stekta fisken. Sjud i 30 minuter och servera varm.

Makrillkotlett

Ingredienser

4 stora makrillar, rensade

Salt att smaka

½ tsk gurkmeja

2 tsk maltvinäger

250ml/8fl oz vatten

1 msk raffinerad vegetabilisk olja plus extra för ytfritering

2 stora lökar, fint hackade

1 tsk ingefärspasta

1 tsk vitlökspasta

1 tomat, finhackad

1 tsk mald svartpeppar

1 ägg, vispat

10g/¼oz korianderblad, hackade

3 brödskivor, blötlagda och pressade

60 g rismjöl

Metod

- Koka makrillen i en kastrull med salt, gurkmeja, vinäger och vatten på medelvärme i 15 minuter. Urbena och mosa. Avsätta.

- Hetta upp 1 msk olja i en kastrull. Fräs löken på låg värme tills den får färg.

- Tillsätt ingefärspasta, vitlökspasta och tomat. Fräs i 4-5 minuter.

- Tillsätt peppar och salt och ta av från värmen. Blanda med den mosade fisken, ägget, korianderbladen och brödet. Knåda och forma till 8 kotletter.

- Hetta upp oljan i en stekpanna. Rulla kotletterna i rismjölet och fräs på medelvärme i 4-5 minuter. Vänd och upprepa. Servera varm.

Tandoori krabba

Serverar 4

Ingredienser

2 tsk ingefärspasta

2 tsk vitlökspasta

2 tsk garam masala

1 msk citronsaft

125 g grekisk yoghurt

Salt att smaka

4 krabbor, rensade

1 msk raffinerad vegetabilisk olja

Metod

- Blanda alla ingredienser utom krabbor och olja. Marinera krabban med denna blandning i 3-4 timmar.
- Pensla den marinerade krabban med oljan. Grilla i 10-15 minuter. Servera varm.

Fylld fisk

Serverar 4

Ingredienser

2 msk raffinerad vegetabilisk olja plus extra för ytfritering

1 stor lök, finhackad

1 stor tomat, finhackad

1 tsk ingefärspasta

1 tsk vitlökspasta

1 tsk mald koriander

1 tsk malen spiskummin

Salt att smaka

1 tsk gurkmeja

2 msk maltvinäger

1 kg/2¼lb lax, slits på magen

25 g/lite 1 oz brödsmulor

Metod

- Hetta upp 2 msk av oljan i en kastrull. Tillsätt löken och fräs på låg värme tills den är brun. Tillsätt resten av ingredienserna, förutom vinägern, fisken och ströbrödet. Fräs i 5 minuter.

- Tillsätt vinägern. Sjud i 5 minuter. Fyll fisken med blandningen.

- Hetta upp resterande olja i en stekpanna. Rulla fisken i ströbrödet och stek på medelvärme tills den är gyllenbrun. Vänd och upprepa. Servera varm.

Räkor & Blomkålscurry

Serverar 4

Ingredienser

10 msk raffinerad vegetabilisk olja

1 stor lök, finhackad

¾ tsk gurkmeja

250 g/9 oz räkor, skalade och ådrade

200 g/7 oz blomkålsbuketter

Salt att smaka

Till kryddblandningen:

1 msk korianderfrön

1 msk garam masala

5 röda chili

2,5 cm/1in rot ingefära

8 vitlöksklyftor

60g/2oz färsk kokos

Metod

- Hetta upp hälften av oljan i en stekpanna. Tillsätt kryddblandningens ingredienser och stek på medelvärme i 5 minuter. Mal till en tjock pasta. Avsätta.

- Hetta upp resterande olja i en kastrull. Fräs löken på medelvärme tills den är genomskinlig. Tillsätt alla resterande ingredienser och kryddpastan.

- Sjud i 15-20 minuter, rör om då och då. Servera varm.

Wokade musslor

Serverar 4

Ingredienser

500g/1lb 2oz musslor, rengjorda

6 msk raffinerad vegetabilisk olja

2 stora lökar, fint hackade

1 tsk gurkmeja

1 tsk garam masala

2 tsk ingefärspasta

2 tsk vitlökspasta

10g/¼oz korianderblad, hackade

6 kokum*

Salt att smaka

250ml/8fl oz vatten

Metod

- Ångkoka musslorna i 25 minuter. Avsätta.

- Hetta upp oljan i en kastrull. Fräs löken på låg värme tills den får färg.

- Tillsätt resten av ingredienserna förutom vattnet. Fräs i 5-6 minuter.

- Tillsätt de ångade musslorna och vattnet. Täck med lock och låt sjuda i 10 minuter. Servera varm.

Smetstekta räkor

Serverar 4

Ingredienser

250 g/9 oz räkor, skalade

250 g/9 oz besan_*_

2 gröna chili, finhackad

1 tsk chilipulver

1 tsk gurkmeja

1 tsk mald koriander

1 tsk malen spiskummin

½ tsk amchoor_*_

1 liten lök, riven

¼ tsk bikarbonat läsk

Salt att smaka

Raffinerad vegetabilisk olja för fritering

Metod

- Blanda ihop alla ingredienser, utom oljan, med tillräckligt med vatten för att bilda en tjock smet.

- Hetta upp oljan i en panna. Häll ner några skedar av smeten och stek på medelvärme tills de är gyllene på alla sidor.

- Upprepa för resterande smet. Servera varm.

Makrill i tomatsås

Serverar 4

Ingredienser

1 msk raffinerad vegetabilisk olja

2 stora lökar, fint hackade

2 tomater, fint hackade

1 msk ingefärspasta

1 msk vitlökspasta

1 tsk chilipulver

½ tsk gurkmeja

8 torr kokum_*_

2 gröna chili, skivade

Salt att smaka

4 stora makrillar, flådda och filéade

120ml/4fl oz vatten

Metod

- Hetta upp oljan i en kastrull. Fräs löken på medelvärme tills den är brun. Tillsätt alla resterande ingredienser, förutom fisken och vattnet. Blanda väl och fräs i 5-6 minuter.

- Tillsätt fisken och vattnet. Blanda väl. Sjud i 15 minuter och servera varm.

Konju Ullaruathu

(Scampi i Red Masala)

Serverar 4

Ingredienser

120ml/4fl oz raffinerad vegetabilisk olja

1 stor lök, finhackad

5 cm/2in rot ingefära, fint skivad

12 vitlöksklyftor, fint skivade

2 msk grön chili, finhackad

8 curryblad

2 tomater, fint hackade

1 tsk gurkmeja

2 tsk mald koriander

1 tsk mald fänkål

600g/1lb 5oz jätteräkor, skalade och de-ådrade

3 tsk chilipulver

Salt att smaka

1 tsk garam masala

Metod

- Hetta upp oljan i en kastrull. Tillsätt lök, ingefära, vitlök, grön chili och curryblad och fräs på medelvärme i 1-2 minuter.

- Tillsätt alla resterande ingredienser, förutom garam masala. Blanda väl och koka på låg värme i 15-20 minuter.

- Strö över garam masala och servera varm.

Chemeen Manga Curry

(Curried räkor med omogen mango)

Serverar 4

Ingredienser

200g/7oz färsk kokos, riven

1 msk chilipulver

2 stora lökar, fint skivade

3 msk raffinerad vegetabilisk olja

2 gröna chili, hackad

2,5 cm/1in rot ingefära, tunt skivad

Salt att smaka

1 tsk gurkmeja

1 liten omogen mango, tärnad

120ml/4fl oz vatten

750 g/1 lb 10 oz tigerräkor, skalade och de-ådrade

1 tsk senapsfrön

10 curryblad

2 hela röda chili

4-5 schalottenlök, skivade

Metod

- Mal ihop kokos, chilipulver och hälften av löken. Avsätta.

- Hetta upp hälften av oljan i en kastrull. Fräs resterande lök med grön chili, ingefära, salt och gurkmeja på låg värme i 3-4 minuter.

- Tillsätt kokospasta, omogen mango och vatten. Sjud i 8 minuter.

- Tillsätt räkorna. Sjud i 10-12 minuter och ställ åt sidan.

- Hetta upp den återstående oljan. Tillsätt senapsfrön, curryblad, chili och schalottenlök. Stek i en minut. Tillsätt denna blandning till räkorna och servera varm.

Enkel Machchi Fry

(Fisk stekt med kryddor)

Serverar 4

Ingredienser

8 filéer av fast vit fisk som torsk

¾ tsk gurkmeja

½ tsk chilipulver

1 tsk citronsaft

250ml/8fl oz raffinerad vegetabilisk olja

2 msk vanligt vitt mjöl

Metod

- Marinera fisken med gurkmeja, chilipulver och citronsaft i 1 timme.
- Hetta upp oljan i en stekpanna. Belägg fisken med mjöl och stek på medelvärme i 3-4 minuter. Vänd och stek i 2-3 minuter. Servera varm.

Machher Kalia

(Fisk i rik gravy)

Serverar 4

Ingredienser

1 tsk korianderfrön

2 tsk spiskummin

1 tsk chilipulver

2,5 cm/1in rot ingefära, skalad

250ml/8fl oz vatten

120ml/4fl oz raffinerad vegetabilisk olja

500g/1lb 2oz öringfiléer, flådda

3 lagerblad

1 stor lök, finhackad

4 vitlöksklyftor, fint hackade

4 gröna chili, skivade

Salt att smaka

1 tsk gurkmeja

2 msk yoghurt

Metod

- Mal korianderfrön, spiskummin, chilipulver och ingefära med tillräckligt med vatten för att bilda en tjock pasta. Avsätta.

- Hetta upp oljan i en kastrull. Tillsätt fisken och stek på medelvärme i 3-4 minuter. Vänd och upprepa. Häll av och ställ åt sidan.

- Tillsätt lagerblad, lök, vitlök och grön chili i samma olja. Stek i 2 minuter. Tillsätt resterande ingredienser, den stekta fisken och pastan. Blanda väl och låt sjuda i 15 minuter. Servera varm.

Fisk stekt i ägg

Ingredienser

500g/1lb 2oz John Dory, flådd och filéad

Saften av 1 citron

Salt att smaka

2 ägg

1 msk vanligt vitt mjöl

½ tsk mald svartpeppar

1 tsk chilipulver

250ml/8fl oz raffinerad vegetabilisk olja

100 g/3½ oz ströbröd

Metod

- Marinera fisken med citronsaft och salt i 4 timmar.
- Vispa äggen med mjöl, peppar och chilipulver.
- Hetta upp oljan i en stekpanna. Doppa den marinerade fisken i äggblandningen, rulla i ströbrödet och stek på låg värme tills den är gyllenbrun. Servera varm.

Lau Chingri

(Räkor med pumpa)

Serverar 4

Ingredienser

250 g/9 oz räkor, skalade

500g/1lb 2oz pumpa, tärnad

2 msk senapsolja

¼ tsk spiskummin

1 lagerblad

½ tsk gurkmeja

1 msk mald koriander

¼ tsk socker

1 msk mjölk

Salt att smaka

Metod

- Ånga ihop räkorna och pumpan i 15-20 minuter. Avsätta.

- Hetta upp oljan i en kastrull. Tillsätt spiskummin och lagerblad. Stek i 15 sekunder. Tillsätt gurkmeja och mald koriander. Stek på medelvärme i 2-3 minuter. Tillsätt socker, mjölk, salt och de ångade räkorna och pumpan. Sjud i 10 minuter. Servera varm.

Tomat fisk

Serverar 4

Ingredienser

2 msk vanligt vitt mjöl

1 tsk mald svartpeppar

500g/1lb 2oz citrontunga, skalad och filéad

3 msk smör

2 lagerblad

1 liten lök, riven

6 vitlöksklyftor, fint hackade

2 tsk citronsaft

6 msk fiskfond

150 g/5½ oz tomatpuré

Salt att smaka

Metod

- Blanda ihop mjöl och peppar. Häll i fisken i blandningen.

- Hetta upp smöret i en stekpanna. Stek fisken på medelvärme tills den är gyllene. Häll av och ställ åt sidan.

- I samma smör steker du lagerblad, lök och vitlök på medelvärme i 2-3 minuter. Tillsätt den stekta fisken och alla resterande ingredienser. Blanda väl och låt sjuda i 20 minuter. Servera varm.

Chingri Macher Kalia

(Rik räkor Curry)

Serverar 4

Ingredienser

24 stora räkor, skalade och de-ådrade

½ tsk gurkmeja

Salt att smaka

250ml/8fl oz vatten

3 msk senapsolja

2 stora lökar, fint rivna

6 torra röda chili, malda

2 msk korianderblad, fint hackade

Metod

- Koka räkorna med gurkmeja, salt och vatten i en kastrull på medelvärme i 20-25 minuter. Avsätta. Kasta inte vattnet.
- Hetta upp oljan i en kastrull. Tillsätt lök och röd chili och fräs på medelvärme i 2-3 minuter.
- Tillsätt de kokta räkorna och det reserverade vattnet. Blanda väl och låt sjuda i 20-25 minuter. Garnera med korianderbladen. Servera varm.

Fisk Tikka Kebab

Ingredienser

1 msk maltvinäger

1 msk yoghurt

1 tsk ingefärspasta

1 tsk vitlökspasta

2 gröna chili, finhackad

1 tsk garam masala

1 tsk malen spiskummin

1 tsk chilipulver

Dash av orange matfärg

Salt att smaka

675g/1½lb marulk, flådd och filéad

Metod

- Blanda ihop alla ingredienser utom fisken. Marinera fisken med denna blandning i 3 timmar.
- Lägg den marinerade fisken på spett och grilla i 20 minuter. Servera varm.

Chingri Macher kotlett

(Räkkoteletter)

Serverar 4

Ingredienser

12 räkor, skalade och avvinkade

Salt att smaka

500ml/16fl oz vatten

4 gröna chili, finhackad

2 msk, vitlökspasta

50g/1¾oz korianderblad, hackade

1 tsk malen spiskummin

Nypa gurkmeja

Raffinerad vegetabilisk olja för fritering

1 ägg, vispat

4 msk ströbröd

Metod

- Koka räkorna med salt och vatten i en kastrull på medelvärme i 20 minuter. Låt rinna av och mosa med alla övriga ingredienser, förutom oljan, ägget och ströbrödet.

- Dela blandningen i 8 delar, rulla till bollar och platta till kotletter.

- Hetta upp oljan i en panna. Doppa kotletterna i ägget, rulla i ströbrödet och fritera på medelvärme tills de är gyllene. Servera varm.

Ungsbakad fisk

Ingredienser

500g/1lb 2oz citrontunga eller röd snapperfiléer, skalade

Salt att smaka

1 tsk mald svartpeppar

¼ tsk torr röd chili, finhackad

2 stora gröna paprikor, fint hackade

2 tomater, skivade

1 stor lök, skivad

Saften av 1 citron

3 gröna chili, slits på längden

10 vitlöksklyftor, fint skivade

1 msk olivolja

Metod

- Lägg fiskfiléerna i en ugnssäker form och strö salt, peppar och chili ovanpå dem.
- Fördela de återstående ingredienserna över denna blandning.

- Täck formen och grädda i ugn vid 200°C (400°F, gasmärke 6) i 15 minuter. Avtäck och grädda i 10 minuter. Servera varm.

Räkor med grön paprika

Serverar 4

Ingredienser

4 msk raffinerad vegetabilisk olja

2 stora lökar, fint skivade

5 cm/2in rot ingefära, fint skivad

12 vitlöksklyftor, fint skivade

4 gröna chili, slits på längden

½ tsk gurkmeja

2 tomater, fint hackade

500g/1lb 2oz räkor, skalade och urvattnade

3 gröna paprikor, urkärnade och skivade

Salt att smaka

1 msk korianderblad, hackade

Metod

- Hetta upp oljan i en kastrull. Tillsätt lök, ingefära, vitlök och grön chili. Stek på låg värme i 1-2 minuter. Tillsätt resterande ingredienser, förutom korianderbladen. Blanda väl och fräs i 15 minuter.

- Garnera med korianderbladen. Servera varm.

Macher Jhole

(Fisk i gravy)

Serverar 4

Ingredienser

500g/1lb 2oz öring, flådd och filéad

1 tsk gurkmeja

Salt att smaka

4 msk senapsolja

3 torra röda chili

1 tsk garam masala

1 stor lök, riven

2 tsk ingefärspasta

1 tsk mald senap

1 tsk mald koriander

250ml/8fl oz vatten

1 msk korianderblad, hackade

Metod

- Marinera fisken med gurkmeja och salt i 30 minuter.
- Hetta upp oljan i en stekpanna. Stek den marinerade fisken på medelvärme i 2-3 minuter. Vänd och upprepa. Avsätta.
- I samma olja steker du chili och garam masala på medelhög värme i 1-2 minuter. Tillsätt resterande ingredienser, förutom korianderbladen. Blanda väl och låt sjuda i 10 minuter. Tillsätt fisken och blanda väl.
- Sjud i 10 minuter. Strö över korianderbladen och servera varm.

Machher Paturi

(Fisk ångad i bananblad)

Serverar 4

Ingredienser

5 msk senapsfrön

5 gröna chili

1 tsk gurkmeja

1 tsk chilipulver

1 msk senapsolja

½ tsk fänkålsfrön

2 msk korianderblad, fint hackade

½ tsk socker

Salt att smaka

750g/1lb 10oz öring, flådd och filéad

20 × 15 cm/8 × 6 tum bananblad, tvättade

Metod

- Mal ihop alla ingredienser, förutom fisken och bananbladen, till en slät smet. Marinera fisken med denna pasta i 30 minuter.

- Slå in fisken i bananbladen och ånga i en ångkokare i 20-25 minuter. Packa upp försiktigt och servera varma.

Chingri Machher Shorsher Jhole

(Räksenapscurry)

Serverar 4

Ingredienser

6 torra röda chili

½ tsk gurkmeja

3 tsk spiskummin

1 msk senapsfrön

12 vitlöksklyftor

2 stora lökar

Salt att smaka

24 räkor, skalade och urvattnade

3 msk senapsolja

500ml/16fl oz vatten

Metod

- Mal ihop alla ingredienser, förutom räkorna, olja och vatten, till en slät smet. Marinera räkorna med denna pasta i 1 timme.

- Hetta upp oljan i en kastrull. Tillsätt räkorna och stek dem på medelvärme i 4-5 minuter.

- Tillsätt vattnet. Blanda väl och låt sjuda i 20 minuter. Servera varm.

Räkor & Potatis Curry

Serverar 4

Ingredienser

3 msk raffinerad vegetabilisk olja

2 stora lökar, fint hackade

3 tomater, fint hackade

1 tsk vitlökspasta

1 tsk chilipulver

½ tsk gurkmeja

1 tsk garam masala

250 g/9 oz räkor, skalade och ådrade

2 stora potatisar, tärnade

250ml/8fl oz varmt vatten

1 tsk citronsaft

10g/¼oz korianderblad, hackade

Salt att smaka

Metod

- Hetta upp oljan i en kastrull. Fräs löken på låg värme tills den får färg.
- Tillsätt tomater, vitlökspasta, chilipulver, gurkmeja och garam masala. Fräs i 4-5 minuter. Tillsätt resterande ingredienser. Blanda väl.
- Sjud i 20 minuter och servera varm.

Räkmolee

(Räkor kokta i en enkel curry)

Serverar 4

Ingredienser

3 msk raffinerad vegetabilisk olja

2 stora lökar, fint hackade

2,5 cm/1in rot ingefära, skuren

8 vitlöksklyftor, hackade

4 gröna chili, slits på längden

375 g/13 oz räkor, skalade och rensade

3 tomater, fint hackade

1 tsk gurkmeja

½ tsk chilipulver

Salt att smaka

750 ml/1¼ pints kokosmjölk

Metod

- Hetta upp oljan i en kastrull. Tillsätt lök, ingefära, vitlök och grön chili och fräs på medelvärme i 1-2 minuter.

- Tillsätt räkor, tomater, gurkmeja, chilipulver och salt. Fräs i 5-6 minuter. Tillsätt kokosmjölken. Blanda väl och låt sjuda i 10-12 minuter. Servera varm.

Fisk Koliwada

(kryddig stekt fisk)

Serverar 4

Ingredienser

675g/1½lb marulk, flådd och filéad

Salt att smaka

1 tsk citronsaft

250 g/9 oz besan*

3 msk mjöl

1 tsk gurkmeja

2 tsk chaat masala*

1 tsk garam masala

2 msk korianderblad, hackade

1 msk maltvinäger

1 tsk chilipulver

4 msk vatten

Raffinerad vegetabilisk olja för fritering

Metod

- Marinera fisken med salt och citronsaft i 2 timmar.
- Blanda alla övriga ingredienser, förutom oljan, till en tjock smet.
- Hetta upp oljan i en panna. Klä fisken generöst med smeten och fritera på medelvärme tills den är gyllenbrun. Låt rinna av och servera varmt.

Fisk & Potatisrulle

Serverar 4

Ingredienser

675 g/1½ lb citrontunga, skalad och filéad

Salt att smaka

¼ tsk gurkmeja

1 stor potatis, kokt

2 tsk citronsaft

2 msk koriander, finhackad

2 små lökar, fint hackade

1 tsk garam masala

2-3 små gröna chili

½ tsk chilipulver

Raffinerad vegetabilisk olja för fritering

2 ägg, vispade

6-7 msk ströbröd

Metod

- Ångkoka fisken i 15 minuter.

- Låt rinna av och blanda med resten av ingredienserna, förutom oljan, äggen och ströbrödet. Knåda och dela i 8 rullar, 6 cm tjocka.

- Hetta upp oljan i en stekpanna. Doppa rullarna i ägget, rulla i ströbrödet och fritera på medelvärme tills de är gyllene. Låt rinna av och servera varmt.

Räkmasala

Ingredienser

4 msk raffinerad vegetabilisk olja

3 lökar, 1 skivad och 2 hackad

2 tsk korianderfrön

3 kryddnejlika

2,5 cm kanel

5 pepparkorn

100g/3½oz färsk kokos, riven

6 torra röda chili

500g/1lb 2oz räkor, skalade och urvattnade

½ tsk gurkmeja

250ml/8fl oz vatten

2 tsk tamarindpasta

Salt att smaka

Metod

- Hetta upp 1 msk av oljan i en kastrull. Fräs skivad lök, korianderfrön, kryddnejlika, kanel, pepparkorn, kokos och röd chili på medelvärme i 2-3 minuter. Mal till en slät pasta. Avsätta.

- Hetta upp resterande olja i en kastrull. Tillsätt den hackade löken och stek på medelvärme tills den är brun. Tillsätt räkorna, gurkmeja och vatten. Blanda väl och låt sjuda i 5 minuter.

- Tillsätt maldpasta, tamarindpasta och salt. Fräs i 15 minuter. Servera varm.

Fisk med vitlök

Serverar 4

Ingredienser

500g/1lb 2oz svärdfisk, flådd och filéad

Salt att smaka

1 tsk gurkmeja

1 msk raffinerad vegetabilisk olja

2 stora lökar, fint rivna

2 tsk vitlökspasta

½ tsk ingefärspasta

1 tsk mald koriander

125 g/4½ oz tomatpuré

Metod

- Marinera fisken med salt och gurkmeja i 30 minuter.
- Hetta upp oljan i en kastrull. Tillsätt löken, vitlökspasta, ingefärspasta och mald koriander. Stek på medelvärme i 2 minuter.
- Tillsätt tomatpurén och fisken. Sjud i 15-20 minuter. Servera varm.

Potatisris

Ingredienser

150g/5½oz ghee plus extra för fritering

1 stor lök

2,5 cm/1in rot ingefära

6 vitlöksklyftor

125 g yoghurt, vispad

4 msk mjölk

2 gröna kardemummakapslar

2 kryddnejlika

1 cm/½in kanel

250 g/9 oz basmatiris, blötlagt i 30 minuter och dränerat

Salt att smaka

1 liter/1¾ pints vatten

15 cashewnötter, stekta

För dumplings:

3 stora potatisar, kokta och mosade

125 g/4½ oz besan*

½ tsk chilipulver

½ tsk gurkmeja

1 tsk garam masala pulver

1 stor lök, riven

Metod

- Blanda alla ingredienserna till dumplingen. Dela blandningen i små dumplings.
- Hetta upp ghee för fritering i en panna. Tillsätt dumplings och fritera på medelvärme tills de är gyllenbruna. Låt rinna av och ställ dem åt sidan.
- Mal löken, ingefäran och vitlöken till en deg.
- Värm 60g/2oz ghee i en kastrull. Tillsätt pastan och stek den på medelvärme tills den blir genomskinlig.
- Tillsätt yoghurt, mjölk och potatisdumplings. Sjud blandningen i 10-12 minuter. Avsätta.
- Värm resterande ghee i en annan kastrull. Tillsätt kardemumma, kryddnejlika, kanel, ris, salt och vatten. Täck med lock och låt sjuda i 15-20 minuter.
- Lägg ris- och potatisblandningen i omväxlande lager i en ugnssäker form. Avsluta med ett lager ris. Garnera med cashewnötter.
- Grädda potatisriset i ugn vid 200°C (400°F, gasmärke 6) i 7-8 minuter. Servera varm.

Grönsak Pulao

Serverar 4

Ingredienser

5 msk raffinerad vegetabilisk olja

2 kryddnejlika

2 gröna kardemummakapslar

4 svartpepparkorn

2,5 cm kanel

1 stor lök, finhackad

1 tsk ingefärspasta

1 tsk vitlökspasta

2 gröna chili, finhackad

1 tsk garam masala

150 g/5½ oz blandade grönsaker (franska bönor, potatis, morötter, etc.)

500g/1lb 2oz långkornigt ris, blötlagt i 30 minuter och dränerat

Salt att smaka

600ml/1 pint varmt vatten

Metod

- Hetta upp oljan i en kastrull. Tillsätt kryddnejlika, kardemumma, pepparkorn och kanel. Låt dem sprattla i 15 sekunder.

- Tillsätt löken och fräs på medelvärme i 2-3 minuter, rör om då och då.

- Tillsätt ingefärspasta, vitlökspasta, grön chili och garam masala. Blanda väl. Stek denna blandning i en minut.

- Tillsätt grönsakerna och riset. Stek pulaon på medelvärme i 4 minuter.

- Tillsätt saltet och vattnet. Blanda väl. Koka på medelhög värme i en minut.

- Täck med lock och låt sjuda i 10-12 minuter. Servera varm.

Kachche Gosht ki Biryani

(Lamm Biryani)

Serverar 4-6

Ingredienser

1 kg/2¼lb lamm, hackat i 5 cm/2in bitar

1 liter/1¾ pints vatten

Salt att smaka

6 kryddnejlika

5 cm/2in kanel

5 gröna kardemummakapslar

4 lagerblad

6 svartpepparkorn

750g/1lb 10oz basmatiris, blötlagt i 30 minuter och avrunnet

150 g/5½ oz ghee

Nypa saffran, löst i 1 msk mjölk

5 stora lökar, skivade och friterade

Till marinaden:

200 g yoghurt

1 tsk gurkmeja

1 tsk chilipulver

1 tsk ingefärspasta

1 tsk vitlökspasta

1 tsk salt

25g/lite 1oz korianderblad, fint hackade

25g/lite 1oz myntablad, fint hackade

Metod

- Blanda ihop alla marinadens ingredienser och marinera lammbitarna med denna blandning i 4 timmar.
- Blanda vattnet med salt, kryddnejlika, kanel, kardemumma, lagerblad och pepparkorn i en kastrull. Koka på medelvärme i 5-6 minuter.
- Tillsätt det avrunna riset. Koka i 5-7 minuter. Häll av det extra vattnet och ställ riset åt sidan.
- Häll ghee i en stor värmesäker form och lägg det marinerade köttet över. Lägg riset i ett lager över köttet.
- Strö över saffransmjölken och lite ghee på det översta lagret.
- Förslut pannan med folie och täck med ett lock.

- Sjud i 40 minuter.
- Ta av från värmen och låt stå i ytterligare 30 minuter.
- Garnera biryanien med löken. Servera i rumstemperatur.

Achari Gosht ki Biryani

(Inlagd fårkött Biryani)

Serverar 4-6

Ingredienser

4 medelstora lökar, finhackade

400 g/14 oz yoghurt

2 tsk ingefärspasta

2 tsk vitlökspasta

1 kg/2¼lb fårkött, skuren i 5 cm/2in bitar

2 tsk spiskummin

2 tsk bockhornsklöverfrön

1 tsk lökfrön

2 tsk senapsfrön

10 gröna chili

6½ msk ghee

50 g/1¾oz myntablad, fint hackade

100g/3½oz korianderblad, fint hackade

2 tomater, i fjärdedelar

750g/1lb 10oz basmatiris, blötlagt i 30 minuter och avrunnet

Salt att smaka

3 kryddnejlika

2 lagerblad

5 cm/2in kanel

4 svartpepparkorn

Stor nypa saffran, löst i 1 msk mjölk

Metod

- Blanda löken, yoghurten, ingefärspasta och vitlökspasta. Marinera fårköttet med denna blandning i 30 minuter.
- Torrrosta spiskummin, bockhornsklöver, lök och senapsfrön tillsammans. Slå dem till en grov blandning.
- Dela den gröna chilin och fyll i dem med den dunkade blandningen. Avsätta.
- Värm 6 msk ghee i en kastrull. Tillsätt fårköttet. Stek fårköttet på medelvärme i 20 minuter. Se till att alla sidor av fårköttsbitarna är lika bruna.
- Tillsätt den fyllda gröna chilin. Fortsätt koka i ytterligare 10 minuter.
- Tillsätt myntabladen, korianderbladen och tomaterna. Rör om väl i 5 minuter. Avsätta.
- Blanda riset med salt, kryddnejlika, lagerblad, kanel och pepparkornen. Förkoka blandningen. Avsätta.
- Häll resterande ghee i en ugnssäker form.
- Lägg de stekta fårköttsbitarna över gheen. Lägg det parboiled riset i ett lager över fårköttet.
- Häll saffransmjölken ovanpå riset.

- Förslut formen med folie och täck med ett lock. Grädda biryanien i en förvärmd ugn vid 200°C (400°F, gasmärke 6) i 8-10 minuter.
- Servera varm.

Yakhni Pulao

(Kashmiri Pulao)

Serverar 4

Ingredienser

600g/1lb 5oz fårkött, skuren i 2,5 cm/1in bitar

2 lagerblad

10 svartpepparkorn

Salt att smaka

1,7 liter/3 pints varmvatten

5 msk raffinerad vegetabilisk olja

4 kryddnejlika

3 gröna kardemummakapslar

2,5 cm kanel

1 msk vitlökspasta

1 msk ingefärspasta

3 stora lökar, fint hackade

500g/1lb 2oz basmatiris, blötlagt i 30 minuter och avrunnet

1 tsk malen spiskummin

2 tsk mald koriander

200 g yoghurt, vispad

1 tsk garam masala

60g/2oz lök, hackad i ringar och friterad

4-5 stekta russin

½ gurka, skivad

1 tomat, skivad

1 ägg, hårdkokt och skivat

1 grön paprika, skivad

Metod

- Tillsätt fårkött, lagerblad, pepparkorn och salt i vattnet. Koka denna blandning i en kastrull på medelvärme i 20-25 minuter.

- Häll av fårköttsblandningen och ställ åt sidan. Reservera lagret.

- Hetta upp oljan i en kastrull. Tillsätt kryddnejlika, kardemumma och kanel. Låt dem sprattla i 15 sekunder.

- Tillsätt vitlökspasta, ingefära pasta och lök. Stek dem på medelvärme tills de är bruna.

- Tillsätt fårköttsblandningen. Stek i 4-5 minuter, rör om med jämna mellanrum.

- Tillsätt ris, spiskummin, koriander, yoghurt, garam masala och salt. Rör om lätt.

- Tillsätt fårköttsfonden tillsammans med tillräckligt med varmt vatten för att stå 2,5 cm över risets nivå.

- Sjud pulaon i 10-12 minuter.

- Garnera med lökringar, russin, gurka, tomat, ägg och grön paprika. Servera varm.

Hyderabadi Biryani

Ingredienser

1 kg/2¼lb fårkött, skuren i 3,5 cm/1½ i bitar

2 tsk ingefärspasta

2 tsk vitlökspasta

Salt att smaka

6 msk raffinerad vegetabilisk olja

500g/1lb 2oz yoghurt

2 liter/3½ pints vatten

2 stora potatisar, skalade och delade i fjärdedelar

750g/1lb 10oz basmatiris, parboiled

1 msk ghee, uppvärmd

Till kryddblandningen:

4 stora lökar, tunt skivade

3 kryddnejlika

2,5 cm kanel

3 gröna kardemummakapslar

2 lagerblad

6 pepparkorn

6 gröna chili

50 g/1¾oz korianderblad, krossade

2 tsk citronsaft

1 msk mald spiskummin

1 tsk gurkmeja

1 msk mald koriander

Metod

- Marinera fårköttet med ingefärspasta, vitlökspasta och salt i 2 timmar.
- Blanda alla ingredienserna till kryddblandningen.
- Hetta upp oljan i en kastrull. Tillsätt kryddblandningen och stek den på medelvärme i 5-7 minuter.
- Tillsätt yoghurten, det marinerade fårköttet och 250 ml/8 fl oz vatten. Sjud i 15-20 minuter, rör om då och då.
- Tillsätt potatisen, riset och resten av vattnet. Sjud i 15 minuter.
- Häll ghee över riset och täck tätt med ett lock.
- Sjud tills riset är klart. Servera varm.

Grönsaksbiryani

Ingredienser

4 msk raffinerad vegetabilisk olja

2 stora lökar, tunt skivade

1 msk ingefärspasta

1 msk vitlökspasta

6 pepparkorn

2 lagerblad

3 gröna kardemummakapslar

2,5 cm kanel

3 kryddnejlika

1 tsk gurkmeja

1 msk mald koriander

6 röda chili, mald

50g/1¾oz färsk kokos, riven

200 g/7 oz frysta blandade grönsaker

2 skivor ananas, finhackad

10-12 cashewnötter

200 g yoghurt

Salt att smaka

750g/1lb 10oz basmatiris, parboiled

Dash av gul matfärg

4 tsk ghee

1 msk mald spiskummin

3 msk korianderblad, fint hackade

Metod

- Hetta upp oljan i en kastrull. Tillsätt all lök, ingefärspasta och vitlökspasta. Stek blandningen på medelhög värme tills löken blir genomskinlig.
- Tillsätt pepparkorn, lagerblad, kardemumma, kanel, kryddnejlika, gurkmeja, mald koriander, röd chili och kokosnöten. Blanda väl. Stek i 2-3 minuter, rör om då och då.
- Tillsätt grönsakerna, ananasen och cashewnötterna. Fräs blandningen i 4-5 minuter.
- Tillsätt yoghurten. Rör om väl i en minut.
- Bred ut riset i ett lager över grönsaksblandningen, och strö matfärgen ovanpå.
- Hetta upp ghee i en annan liten kastrull. Tillsätt den malda spiskumminen. Låt det sprattla i 15 sekunder.
- Häll detta direkt över riset.
- Täck med ett lock och se till att ingen ånga kommer ut. Koka på låg värme i 10-15 minuter.
- Garnera med korianderbladen. Servera varm.

Kale Moti ki Biryani

(Hel svart Gram Biryani)

Serverar 4

Ingredienser

500g/1lb 2oz basmatiris, blötlagt i 30 minuter och avrunnet

500ml/16fl oz mjölk

1 tsk garam masala

500ml/16fl oz vatten

Salt att smaka

75 g/2½ oz ghee

2 tsk ingefärspasta

2 tsk vitlökspasta

3 gröna chili, slits på längden

6 stora potatisar, skalade och delade i fjärdedelar

2 tomater, fint hackade

½ tsk chilipulver

⅓ tsk gurkmeja

200 g yoghurt

300g/10oz uradbönor*, kokta

1 tsk saffran, indränkt i 60ml/2fl oz mjölk

25g/lite 1oz korianderblad, fint hackade

10 g/¼oz myntablad, fint hackade

2 stora lökar, skivade och friterade

3 gröna kardemummakapslar

5 kryddnejlika

2,5 cm kanel

1 lagerblad

Metod

- Koka riset med mjölk, garam masala, vatten och salt i en kastrull på medelvärme i 7-8 minuter. Avsätta.
- Hetta upp ghee i en ugnssäker form. Tillsätt ingefärspasta och vitlökspasta. Fräs på medelvärme i en minut.
- Tillsätt den gröna chilin och potatisen. Stek blandningen i 3-4 minuter.
- Tillsätt tomater, chilipulver och gurkmeja. Blanda väl. Stek i 2-3 minuter, rör om ofta.
- Tillsätt yoghurten. Rör om ordentligt i 2-3 minuter.
- Tillsätt uradbönorna. Koka på låg värme i 7-10 minuter.
- Strö korianderblad, myntablad, lök, kardemumma, kryddnejlika, kanel och lagerblad över bönorna.
- Fördela det kokta riset jämnt över bönblandningen. Häll saffransmjölken över riset.
- Förslut med folie och täck med lock.

- Grädda biryanien i en ugn vid 200°C (400°F, gasmärke 6) i 15-20 minuter. Servera varm.

Mince & Masoor Pulao

(färs och hel röd lins med pilauris)

Serverar 4

Ingredienser

6 msk raffinerad vegetabilisk olja

2 kryddnejlika

2 gröna kardemummakapslar

6 svartpepparkorn

2 lagerblad

2,5 cm kanel

1 tsk ingefärspasta

1 tsk vitlökspasta

1 stor lök, finhackad

2 gröna chili, finhackad

1 tsk chilipulver

½ tsk gurkmeja

2 tsk mald koriander

1 tsk malen spiskummin

500g/1lb 2oz lammfärs

150g/5½oz hel masoor*, blötlagd i 30 minuter och dränerad

250 g/9 oz långkornigt ris, blötlagt i 30 minuter och dränerat

750ml/1¼ pints varmt vatten

Salt att smaka

10g/¼oz korianderblad, fint hackade

Metod

- Hetta upp oljan i en kastrull. Tillsätt kryddnejlika, kardemumma, pepparkorn, lagerblad, kanel, ingefärspasta och vitlökspasta. Stek denna blandning på medelvärme i 2-3 minuter.
- Tillsätt löken. Rör om tills den blir genomskinlig.
- Tillsätt den gröna chilin. Stek i en minut.
- Tillsätt chilipulver, gurkmeja, mald koriander och spiskummin. Rör om i 2 minuter.
- Tillsätt färs, masoor och ris. Stek väl på medelvärme i 5 minuter, rör lätt med jämna mellanrum.
- Tillsätt det varma vattnet och saltet.
- Täck med lock och låt sjuda i 15 minuter.
- Garnera pulaon med korianderbladen. Servera varm.

Kyckling Biryani

Serverar 4

Ingredienser

1 kg/2¼lb skalad kyckling med ben, skuren i 8 bitar

6 msk raffinerad vegetabilisk olja

10 cashewnötter

10 russin

500g/1lb 2oz basmatiris, blötlagt i 30 minuter och avrunnet

3 kryddnejlika

2 lagerblad

5 cm/2in kanel

4 svartpepparkorn

Salt att smaka

4 stora lökar, fint skivade

250ml/8fl oz vatten

2½ msk ghee

En stor nypa saffran, löst i 1 msk mjölk

Till marinaden:

1½ tsk vitlökspasta

1½ tsk ingefärspasta

3 gröna chili, finhackad

1 tsk garam masala

1 tsk mald svartpeppar

1 msk mald koriander

2 tsk mald spiskummin

125 g yoghurt

Metod

- Blanda alla ingredienserna till marinaden. Marinera kycklingen med denna blandning i 3-4 timmar.
- Hetta upp 1 msk olja i en liten kastrull. Tillsätt cashewnötterna och russinen. Stek på medelvärme tills de är bruna. Häll av och ställ åt sidan.
- Koka upp det avrunna riset med kryddnejlika, lagerblad, kanel, pepparkorn och salt. Avsätta.
- Hetta upp 3 msk olja i en kastrull. Lägg i kycklingbitarna och stek på medelvärme i 20 minuter, vänd då och då. Avsätta.
- Hetta upp den återstående oljan i en annan kastrull. Tillsätt löken och stek dem på medelvärme tills de får färg.
- Lägg i de stekta kycklingbitarna. Koka dem i 5 minuter till på medelvärme.
- Tillsätt vattnet och låt sjuda tills kycklingen är genomstekt. Avsätta.
- Häll 2 msk ghee i en ugnsfast form. Tillsätt kycklingblandningen. Lägg riset i ett lager över kycklingen.

- Häll saffransmjölken ovanpå och tillsätt resterande ghee.
- Förslut med folie och täck tätt med ett lock.
- Grädda i ugn vid 200°C (400°F, gasmärke 6) i 8-10 minuter.
- Garnera med de stekta cashewnötterna och russinen. Servera varm.

Räka Biryani

Serverar 6

Ingredienser

600g/1lb 5oz stora räkor, rengjorda och ådrade

Salt att smaka

1 tsk gurkmeja

250ml/8fl oz raffinerad vegetabilisk olja

4 stora lökar, skivade

4 tomater, fint hackade

2-3 potatisar, skalade och tärnade

50g/1¾oz korianderblad, fint hackade

25g/lite 1oz myntablad, fint hackade

200 g yoghurt

2 gröna chili, hackad

450 g/1 lb ångat basmatiris (se här)

Till kryddblandningen:

4 kryddnejlika

2,5 cm kanel

3 gröna kardemummakapslar

4 svartpepparkorn

2-3 gröna chili

¼ färsk kokos, riven

4 röda chili

12 vitlöksklyftor

1 tsk spiskummin

1 tsk koriander

Metod

- Mal ihop alla ingredienserna till kryddblandningen grovt. Avsätta.

- Blanda räkorna med salt och gurkmeja. Avsätta.

- Hetta upp 2 msk av oljan i en kastrull. Tillsätt löken och stek dem på medelvärme tills de får färg. Avsätta.

- Hetta upp resterande olja i en kastrull. Tillsätt hälften av den stekta löken tillsammans med den malda kryddblandningen. Blanda väl och stek på medelvärme i en minut.

- Tillsätt tomater, potatis, salt och räkorna. Koka blandningen i 5 minuter.

- Tillsätt koriander, myntablad, yoghurt och grön chili. Blanda väl. Sjud i 10 minuter, rör lätt med jämna mellanrum. Avsätta.

- I en stor kastrull, arrangera ris- och räkorblandningen i omväxlande lager. Avsluta med ett lager ris.

- Strö över den återstående löken, täck med lock och låt sjuda i 30 minuter. Servera varm.

Äggpotatis Biryani

Serverar 4-5

Ingredienser

5 msk raffinerad vegetabilisk olja

3 kryddnejlika

2,5 cm kanel

3 gröna kardemummakapslar

2 lagerblad

6 pepparkorn

3 stora lökar, fint skivade

3 stora tomater, finhackade

Salt att smaka

¼ tsk gurkmeja

200 g yoghurt

3 stora potatisar, skalade, delade och friterade

6 ägg, kokta och halverade på längden

300 g/10 oz ångat basmatiris

2 msk ghee

1 msk spiskummin

Dash av gul matfärg

För pastan:

1 msk vita sesamfrön

4-5 röda chili

8 vitlöksklyftor

5 cm/2in rot ingefära

2-3 gröna chili

50g/1¾oz korianderblad

1 msk korianderfrön

Metod

- Mal ihop alla pastaingredienser med tillräckligt med vatten för att bilda en tjock pasta. Avsätta.
- Hetta upp oljan i en kastrull. Tillsätt alla kryddnejlika, kanel, kardemumma, lagerblad och pepparkorn. Låt dem sprattla i 30 sekunder.
- Tillsätt löken. Stek dem på medelhög värme tills de blir genomskinliga.
- Tillsätt pastan med tomaterna, salt och gurkmeja. Stek i 2-3 minuter, rör om då och då.
- Tillsätt yoghurten. Koka blandningen på medelhög värme, rör om ofta.
- Tillsätt potatisen. Kasta dem väl för att täcka dem med såsen.
- Tillsätt försiktigt äggbitarna med äggulan uppåt.
- Fördela riset över äggbitarna. Lägg detta arrangemang åt sidan.
- Hetta upp ghee i en liten kastrull. Tillsätt spiskummin. Låt dem sprattla i 15 sekunder.

- Häll denna blandning direkt ovanpå risarrangemanget.
- Strö matfärgen över och täck pannan med ett lock.
- Sjud i 30 minuter. Servera varm.

Färs Pulao

(Lammfärs med pilauris)

Serverar 4

Ingredienser

5 msk raffinerad vegetabilisk olja

2 kryddnejlika

2 gröna kardemummakapslar

6 svartpepparkorn

2 lagerblad

2,5 cm kanel

1 stor lök, finhackad

1 tsk ingefärspasta

1 tsk vitlökspasta

2 gröna chili, finhackad

2 tsk mald koriander

1 tsk chilipulver

½ tsk gurkmeja

1 tsk malen spiskummin

500g/1lb 2oz lammfärs

350 g/12 oz långkornigt ris, blötlagt i 30 minuter i vatten och dränerat

750 ml/1¼fl oz varmt vatten

Salt att smaka

10g/¼oz korianderblad, fint hackade

Metod

- Hetta upp oljan i en kastrull. Tillsätt kryddnejlika, kardemumma, pepparkorn, lagerblad och kanel. Låt dem sprattla i 15 sekunder.
- Tillsätt löken. Stek på medelvärme tills det blir genomskinligt.
- Tillsätt ingefärspasta, vitlökspasta, grön chili, mald koriander, chilipulver, gurkmeja och malen spiskummin.
- Stek i 2 minuter. Tillsätt färsen och riset. Fräs denna blandning i 5 minuter.
- Tillsätt det varma vattnet och saltet.
- Täck med lock och låt sjuda i 15 minuter.
- Garnera pulaon med korianderbladen. Servera varm.

Chana Pulao

(kikärter med pilau ris)

Serverar 4

Ingredienser

2 msk raffinerad vegetabilisk olja

1 tsk spiskummin

1 stor lök, finhackad

1 tsk ingefärspasta

1 tsk vitlökspasta

2 gröna chili, finhackad

300g/10oz konserverade kikärter

300 g/10 oz långkornigt ris, blötlagt i 30 minuter och dränerat

Salt att smaka

250ml/8fl oz vatten

Metod

- Hetta upp oljan i en kastrull. Tillsätt spiskummin. Låt dem sprattla i 15 sekunder.
- Tillsätt löken, ingefärspasta, vitlökspasta och grön chili. Stek denna blandning på medelvärme i 2-3 minuter.

- Tillsätt kikärtorna och riset. Fräs i 4-5 minuter.

- Tillsätt saltet och vattnet. Koka pulaon på medelhög värme i en minut.

- Täck med lock och låt sjuda i 10-12 minuter.

- Servera varm.

Enkel Khichdi

(Ris och linsmelange)

Serverar 4

Ingredienser

1 msk ghee

1 tsk spiskummin

2 gröna chili, slits på längden

250 g/9 oz långkornigt ris

150 g/5½ oz mung dhal*

1 liter/1¾ pints varmt vatten

Salt att smaka

Metod

- Hetta upp ghee i en kastrull. Tillsätt spiskummin och grön chili. Låt dem sprattla i 15 sekunder.
- Tillsätt riset och mung dhal. Fräs i 5 minuter.
- Tillsätt det varma vattnet och saltet. Blanda väl. Täck med ett lock. Sjud khichdin i 15 minuter – den ska ha en grötliknande konsistens.
- Servera varm.

Masala ris

(Kryddigt ris)

Serverar 4

Ingredienser

6 msk raffinerad vegetabilisk olja

½ tsk senapsfrön

10 curryblad

2 gröna chili, slits på längden

¼ tsk gurkmeja

2 stora lökar, fint skivade

½ tsk chilipulver

2 tsk citronsaft

Salt att smaka

300 g/10 oz ångat långkornigt ris

1 msk korianderblad, hackade

Metod

- Hetta upp oljan i en kastrull. Tillsätt senapsfrö, curryblad och grön chili. Låt dem sprattla i 15 sekunder. Tillsätt gurkmejan och löken. Stek blandningen på medelvärme tills löken är brun.
- Tillsätt övriga ingredienser, förutom koriandern. Rör om försiktigt på låg värme i 5 minuter. Garnera med korianderbladen. Servera varm.

Lök Ris

Serverar 4

Ingredienser

5 msk raffinerad vegetabilisk olja

½ tsk senapsfrön

½ tsk spiskummin

4 medelstora lökar, fint skivade

3 gröna chili, finhackad

5 vitlöksklyftor, fint hackade

300 g/10 oz ångat basmatiris

Salt att smaka

60ml/2fl oz vatten

10g/¼oz korianderblad, hackade

Metod

- Hetta upp oljan i en kastrull. Tillsätt senapsfröna och spiskummin. Låt dem sprattla i 15 sekunder.
- Tillsätt lök, grön chili och vitlök. Stek denna blandning på medelhög värme tills löken är genomskinlig.

- Tillsätt ris, salt och vatten. Koka på medelvärme i 5-7 minuter.
- Garnera lökriset med korianderbladen. Servera varm.

Ångat ris

Serverar 4

Ingredienser

375 g/13 oz långkornigt eller basmatiris

750 ml/1¼ pints vatten

Metod

- Tvätta riset väl.
- Hetta upp vattnet i en kastrull. Tillsätt riset och koka på hög värme i 8-10 minuter.
- Tryck lätt ett riskorn mellan tummen och pekfingret för att kontrollera om det är kokt.
- Ta av från värmen och låt rinna av i ett durkslag. Servera varm.

Räkor Pulao

(Räkor kokta med pilauris)

Serverar 4

Ingredienser

250 g/9 oz räkor, skalade och ådrade

Salt att smaka

1 tsk gurkmeja

8 msk raffinerad vegetabilisk olja

1 stor lök, hackad

2 tomater, hackade

1 tsk ingefärspasta

2 tsk vitlökspasta

2 gröna chili, hackad

2 tsk mald koriander

1 tsk malen spiskummin

½ tsk chilipulver

500g/1lb 2oz långkornigt ris, blötlagt i 30 minuter och dränerat

1 liter/1¾ pints varmt vatten

25g/lite 1oz korianderblad, fint hackade

Metod

- Marinera räkorna med salt och gurkmeja. Ställ åt sidan i 20 minuter.

- Hetta upp oljan i en kastrull. Stek löken på medelvärme tills den blir genomskinlig.

- Tillsätt tomaterna, ingefärspasta, vitlökspasta, grön chili, mald koriander, mald spiskummin och chilipulver. Stek denna blandning i 2-3 minuter.

- Lägg i räkorna och stek väl i 4-5 minuter.

- Tillsätt riset och fortsätt att steka pulaon i 5 minuter.

- Tillsätt vattnet och saltet. Täck med lock och låt sjuda i 15 minuter.

- Garnera pulaon med korianderbladen. Servera varm.

Kryddigt lamm i Yoghurt & Saffran

Serverar 4

Ingredienser

5 msk ghee

1 tsk ingefärspasta

1 tsk vitlökspasta

675g/1½lb benfritt lamm, hackat i 3,5cm/1½in bitar

Salt att smaka

750 ml/1¼ pints vatten

4 stora lökar, skivade

1 tsk chilipulver

1 tsk garam masala

1 msk farinsocker, löst i 2 msk vatten

3 gröna chili, slits på längden

30 g/1 oz mald mandel

400 g/14 oz grekisk yoghurt, vispad

10g/¼oz korianderblad, fint hackade

½ tsk saffran, löst i 2 msk mjölk

Metod

- Värm hälften av ghee i en kastrull. Tillsätt ingefärspasta och vitlökspasta. Stek på medelvärme i 1-2 minuter.

- Tillsätt lammet och salt. Stek i 5-6 minuter.

- Tillsätt vattnet och blanda väl. Täck med lock och låt sjuda i 40 minuter, rör om då och då. Avsätta.

- Värm resterande ghee i en annan kastrull. Tillsätt löken och stek dem på medelvärme tills de blir genomskinliga.

- Tillsätt chilipulver, garam masala, sockervatten, grön chili och mald mandel. Fortsätt att steka en minut.

- Tillsätt yoghurten och blanda väl. Koka blandningen i 6-7 minuter, rör om väl.

- Tillsätt denna blandning till lammblandningen. Blanda väl. Täck med lock och låt sjuda i 5 minuter, rör om då och då.

- Garnera med korianderbladen och saffran. Servera varm.

Lamm med grönsaker

Serverar 4

Ingredienser

675 g/1½lb lamm, hackad i 2,5 cm/1 tum bitar

Salt att smaka

½ tsk mald svartpeppar

5 msk raffinerad vegetabilisk olja

2 lagerblad

4 gröna kardemummakapslar

4 kryddnejlika

2,5 cm kanel

2 stora lökar, fint hackade

1 tsk gurkmeja

1 msk mald spiskummin

1 tsk chilipulver

1 tsk ingefärspasta

1 tsk vitlökspasta

2 tomater, fint hackade

200g/7oz ärter

1 tsk bockhornsklöverfrön

200 g/7 oz blomkålsbuketter

500ml/16fl oz vatten

200 g yoghurt

10g/¼oz korianderblad, fint hackade

Metod

- Marinera lammet med salt och peppar i 30 minuter.

- Hetta upp oljan i en kastrull. Tillsätt lagerblad, kardemumma, kryddnejlika och kanel. Låt dem sprattla i 30 sekunder.

- Tillsätt lök, gurkmeja, mald spiskummin, chilipulver, ingefärspasta och vitlökspasta. Stek dem på medelvärme i 1-2 minuter.

- Tillsätt det marinerade lammet och stek i 6-7 minuter, rör om då och då.

- Tillsätt tomater, ärter, bockhornsklöverfrön och blomkålsbuketter. Fräs i 3-4 minuter.

- Tillsätt vattnet och blanda väl. Täck med lock och låt sjuda i 20 minuter.

- Öppna pannan och tillsätt yoghurten. Rör om ordentligt i en minut, täck igen och låt sjuda i 30 minuter, rör om då och då.

- Garnera med korianderbladen. Servera varm.

Biff curry med potatis

Ingredienser

6 svartpepparkorn

3 kryddnejlika

2 svarta kardemummakapslar

2,5 cm kanel

1 tsk spiskummin

4 msk raffinerad vegetabilisk olja

3 stora lökar, fint hackade

¼ tsk gurkmeja

1 tsk chilipulver

1 tsk ingefärspasta

1 tsk vitlökspasta

750g/1lb 10oz nötkött, malet

2 tomater, fint hackade

3 stora potatisar, tärnade

½ tsk garam masala

1 msk citronsaft

Salt att smaka

1 liter/1¾ pints vatten

1 msk korianderblad, fint hackade

Metod

- Mal pepparkorn, kryddnejlika, kardemumma, kanel och spiskummin till ett fint pulver. Avsätta.

- Hetta upp oljan i en kastrull. Tillsätt löken och stek dem på medelvärme tills de får färg.

- Tillsätt malet pepparkorn-klyfta pulver, gurkmeja, chilipulver, ingefärspasta och vitlökspasta. Stek i en minut.

- Tillsätt nötfärsen och fräs i 5-6 minuter.

- Tillsätt tomaterna, potatisen och garam masala. Blanda väl och koka i 5-6 minuter.

- Tillsätt citronsaft, salt och vatten. Täck med lock och låt sjuda i 45 minuter, rör om då och då.

- Garnera med korianderbladen. Servera varm.

Kryddig lammmasala

Serverar 4

Ingredienser

675g/1½lb lamm, tärnad

3 stora lökar, skivade

750 ml/1¼ pints vatten

Salt att smaka

4 msk raffinerad vegetabilisk olja

4 lagerblad

¼ tsk spiskummin

¼ tsk senapsfrön

1 tsk ingefärspasta

1 tsk vitlökspasta

2 gröna chili, finhackad

1 msk jordnötter, malda

1 msk chana dhal*, torrrostad och mald

1 tsk chilipulver

¼ tsk gurkmeja

1 tsk garam masala

Saften av 1 citron

50g/1¾oz korianderblad, fint hackade

Metod

- Blanda lammet med lök, vatten och salt. Koka denna blandning i en kastrull på medelvärme i 40 minuter. Avsätta.

- Hetta upp oljan i en kastrull. Tillsätt lagerblad, spiskummin och senapsfrön. Låt dem sprattla i 30 sekunder.

- Tillsätt ingefärspasta, vitlökspasta och grön chili. Stek dem på medelhög värme i en minut under konstant omrörning.

- Tillsätt de malda jordnötterna, chana dhal, chilipulver, gurkmeja och garam masala. Fortsätt att steka i 1-2 minuter.

- Tillsätt lammblandningen. Blanda väl. Täck med lock och låt sjuda i 45 minuter, rör om då och då.

- Strö över citronsaft och korianderblad och servera varma.

Rogan Josh

(Kashmiri lammcurry)

Serverar 4

Ingredienser

Saften av 1 citron

200 g yoghurt

Salt att smaka

750g/1lb 10oz lamm, hackad i 2,5 cm/1in bitar

75g/2½oz ghee plus extra för fritering

2 stora lökar, fint skivade

2,5 cm kanel

3 kryddnejlika

4 gröna kardemummakapslar

1 tsk ingefärspasta

1 tsk vitlökspasta

1 tsk mald koriander

1 tsk malen spiskummin

3 stora tomater, finhackade

750 ml/1¼ pints vatten

10g/¼oz korianderblad, fint hackade

Metod

- Blanda ihop citronsaft, yoghurt och salt. Marinera lammet med denna blandning i en timme.

- Hetta upp ghee för fritering i en stekpanna. Tillsätt löken och djupstek dem på medelvärme tills de blir gyllenbruna. Häll av och ställ åt sidan.

- Värm resterande ghee i en kastrull. Tillsätt kanel, kryddnejlika och kardemumma. Låt dem sprattla i 15 sekunder.

- Tillsätt det marinerade lammet och stek på medelvärme i 6-7 minuter.

- Tillsätt ingefärspasta och vitlökspasta. Fräs i 2 minuter.

- Tillsätt mald koriander, mald spiskummin och tomater, blanda väl och koka ytterligare en minut.

- Tillsätt vattnet. Täck med lock och låt sjuda i 40 minuter, rör om då och då.

- Garnera med korianderbladen och den stekta löken. Servera varm.

Grillad fläsk Spare Ribs

Serverar 4

Ingredienser

6 gröna chili

5 cm/2in rot ingefära

15 vitlöksklyftor

¼ liten rå papaya, mald

200 g yoghurt

2 msk raffinerad vegetabilisk olja

2 msk citronsaft

Salt att smaka

750g/1lb 10oz revbensspjäll, hackade i 4 bitar

Metod

- Mal gröna chili, ingefära, vitlök och rå papaya med tillräckligt med vatten för att bilda en tjock pasta.

- Blanda denna pasta med de återstående ingredienserna, förutom revbenen. Marinera revbenen med denna blandning i 4 timmar.

- Grilla de marinerade revbenen i 40 minuter, vänd då och då. Servera varm.

Nötkött med kokosmjölk

Serverar 4

Ingredienser

5 msk raffinerad vegetabilisk olja

675g/1½lb nötkött, hackat i 5 cm/2in strimlor

3 stora lökar, fint hackade

8 vitlöksklyftor, fint hackade

2,5 cm/1in rot ingefära, finhackad

2 gröna chili, slits på längden

2 tsk mald koriander

2 tsk mald spiskummin

2,5 cm kanel

Salt att smaka

500ml/16fl oz vatten

500ml/16fl oz kokosmjölk

Metod

- Hetta upp 3 msk olja i en stekpanna. Lägg i nötköttsstrimlorna i omgångar och stek på låg värme i 12-15 minuter, vänd då och då. Häll av och ställ åt sidan.

- Hetta upp resterande olja i en kastrull. Tillsätt lök, vitlök, ingefära och grön chili. Stek på medelvärme i 2-3 minuter.

- Tillsätt de stekta nötköttsstrimlorna, den malda koriandern, malen spiskummin, kanel, salt och vatten. Sjud i 40 minuter.

- Tillsätt kokosmjölken. Koka i 20 minuter, rör om ofta. Servera varm.

Fläsk Kebab

Serverar 4

Ingredienser

100ml/3½fl oz senapsolja

3 msk citronsaft

1 liten lök, mald

2 tsk vitlökspasta

1 tsk senapspulver

1 tsk mald svartpeppar

Salt att smaka

600g/1lb 5oz benfritt fläsk, hackat i 3,5 cm/1½in bitar

Metod

- Blanda alla ingredienser, utom fläsket, tillsammans. Marinera fläsket med denna blandning över natten.

- Spett det marinerade fläsket och grilla i 30 minuter. Servera varm.

Biff Chili Fry

Serverar 4

Ingredienser

750g/1lb 10oz nötkött, hackat i 2,5 cm/1in bitar

6 svartpepparkorn

3 stora lökar, skivade

1 liter/1¾ pints vatten

Salt att smaka

4 msk raffinerad vegetabilisk olja

2,5 cm/1in rot ingefära, finhackad

8 vitlöksklyftor, fint hackade

4 gröna chili

1 msk citronsaft

50g/1¾oz korianderblad

Metod

- Blanda nötköttet med pepparkornen, 1 lök, vatten och salt. Koka denna blandning i en kastrull på medelvärme i 40 minuter. Häll av och ställ åt sidan. Reservera lagret.

- Hetta upp oljan i en kastrull. Fräs resten av löken på medelvärme tills den är brun. Tillsätt ingefära, vitlök och grön chili. Stek i 4-5 minuter.

- Tillsätt citronsaften och köttblandningen. Fortsätt koka i 7-8 minuter. Lägg till det reserverade lagret.

- Täck med lock och låt sjuda i 40 minuter, rör om då och då. Tillsätt korianderbladen och blanda väl. Servera varm.

Scotch ägg av nötkött

Serverar 4

Ingredienser

500g/1lb 2oz nötkött, malet

Salt att smaka

1 liter/1¾ pints vatten

3 msk besan*

1 ägg, vispat

25g/lite 1oz myntablad, fint hackade

25g/lite 1oz korianderblad, hackade

8 hårdkokta ägg

Raffinerad vegetabilisk olja för fritering

Metod

- Blanda köttet med salt och vatten. Koka i en kastrull på låg värme i 45 minuter. Mal till en pasta och blanda med besan, uppvispat ägg, mynta och korianderblad. Linda denna blandning runt de kokta äggen.
- Hetta upp oljan i en stekpanna. Tillsätt de inslagna äggen och stek dem på medelvärme tills de blir gyllenbruna. Servera varm.

Malabar stil torrt nötkött

Ingredienser

675 g nötkött, tärnad

4 msk raffinerad vegetabilisk olja

3 stora lökar, skivade

1 tomat, finhackad

100g/3½oz torkad kokosnöt

1 tsk chilipulver

1 tsk garam masala

1 tsk mald koriander

1 tsk malen spiskummin

Salt att smaka

1 liter/1¾ pints vatten

Till kryddblandningen:

3,5 cm/1½in rot ingefära

6 gröna chili

1 msk mald koriander

10 curryblad

1 msk vitlökspasta

Metod

- Mal alla ingredienserna till kryddblandningen till en tjock pasta. Marinera nötköttet med denna blandning i en timme.

- Hetta upp oljan i en kastrull. Fräs löken på medelvärme tills den är brun. Lägg i köttet och stek i 6-7 minuter.

- Tillsätt resterande ingredienser. Sjud i 40 minuter och servera varm.

Moghlai lammkotletter

Ingredienser

5 cm/2in rot ingefära

8 vitlöksklyftor

6 torra röda chili

2 tsk citronsaft

Salt att smaka

8 lammkotletter, stansade och tillplattade

150 g/5½ oz ghee

2 stora potatisar, skivade och friterade

2 stora lökar

Metod

- Mal ingefära, vitlök och röd chili med citronsaft, salt och tillräckligt med vatten för att bilda en slät pasta. Marinera kotletterna med denna blandning i 4-5 timmar.

- Hetta upp ghee i en stekpanna. Tillsätt de marinerade kotletterna och stek på medelvärme i 8-10 minuter.

- Tillsätt löken och den stekta potatisen. Koka i 15 minuter. Servera varm.

Nötkött med okra

Serverar 4

Ingredienser

4½ msk raffinerad vegetabilisk olja

200 g/7 oz okra

2 stora lökar, fint hackade

2,5 cm/1in rot ingefära, finhackad

4 vitlöksklyftor, fint hackade

750g/1lb 10oz nötkött, hackat i 2,5 cm/1in bitar

4 torkade röda chili

1 msk mald koriander

½ msk mald spiskummin

1 tsk garam masala

2 tomater, fint hackade

Salt att smaka

1 liter/1¾ pints vatten

Metod

- Hetta upp 2 msk olja i en stekpanna. Tillsätt okran och stek på medelvärme tills den är knaprig och brun. Häll av och ställ åt sidan.

- Hetta upp resterande olja i en kastrull. Stek löken på medelvärme tills den blir genomskinlig. Tillsätt ingefäran och vitlöken. Stek i en minut.

- Tillsätt nötköttet. Stek i 5-6 minuter. Tillsätt alla resterande ingredienser och okran. Sjud i 40 minuter, rör om ofta. Servera varm.

Biff Baffad

(nötkött tillagat med kokos och vinäger)

Serverar 4

Ingredienser

675 g nötkött, tärnad

Salt att smaka

1 liter/1¾ pints vatten

1 tsk gurkmeja

½ tsk svartpepparkorn

½ tsk spiskummin

5-6 kryddnejlika

2,5 cm kanel

12 vitlöksklyftor, fint hackade

2,5 cm/1in rot ingefära, finhackad

100g/3½oz färsk kokos, riven

6 msk maltvinäger

5 msk raffinerad vegetabilisk olja

2 stora lökar, fint hackade

Metod

- Blanda nötköttet med salt och vatten och koka i en kastrull på medelvärme i 45 minuter, rör om då och då. Avsätta.

- Mal ihop resten av ingredienserna, förutom oljan och löken.

- Hetta upp oljan i en kastrull. Tillsätt den malda blandningen och löken.

- Stek på medelvärme i 3-4 minuter. Tillsätt köttblandningen. Sjud i 20 minuter, rör om då och då. Servera varm.

Badami Gosht

(Lamm med mandel)

Serverar 4

Ingredienser

5 msk ghee

3 stora lökar, fint hackade

12 vitlöksklyftor, krossade

3,5 cm/1½in rot ingefära, finhackad

750g/1lb 10oz lamm, hackat

75 g/2½ oz mald mandel

1 msk garam masala

Salt att smaka

250 g yoghurt

360ml/12fl oz kokosmjölk

500ml/16fl oz vatten

Metod

- Hetta upp ghee i en kastrull. Tillsätt alla ingredienser utom yoghurt, kokosmjölk och vatten. Blanda väl. Fräs på låg värme i 10 minuter.

- Tillsätt resterande ingredienser. Sjud i 40 minuter. Servera varm.

Indisk rostbiff

Serverar 4

Ingredienser

30 g/1 oz cheddarost, riven

½ tsk mald svartpeppar

1 tsk chilipulver

10g/¼oz korianderblad, hackade

10 g/¼oz myntablad, fint hackade

1 tsk ingefärspasta

1 tsk vitlökspasta

25 g/lite 1 oz brödsmulor

1 ägg, vispat

Salt att smaka

675g/1½lb benfritt nötkött, tillplattat och hackat i 8 bitar

5 msk raffinerad vegetabilisk olja

500ml/16fl oz vatten

Metod

- Blanda ihop alla ingredienser, utom köttet, oljan och vattnet.

- Applicera denna blandning på ena sidan av varje bit nötkött. Rulla ihop var och en och knyt med ett snöre för att försegla.

- Hetta upp oljan i en kastrull. Lägg i rullarna och stek på medelvärme i 8 minuter. Tillsätt vattnet och blanda väl. Sjud i 30 minuter. Servera varm.

Khatta Pudina kotletter

(Tangy Mint Chops)

Serverar 4

Ingredienser

1 tsk malen spiskummin

1 msk mald vitpeppar

2 tsk garam masala

5 tsk citronsaft

4 msk singelkräm

150 g yoghurt

250ml/8fl oz mintchutney

2 msk majsmjöl

¼ liten papaya, mald

1 msk vitlökspasta

1 msk ingefärspasta

1 tsk malen bockhornsklöver

Salt att smaka

675g/1½lb lammkotletter

Raffinerad vegetabilisk olja för bastning

Metod

- Blanda ihop alla ingredienser, förutom lammkotletterna och oljan. Marinera kotletterna med denna blandning i 5 timmar.

- Pensla kotletterna med olja och grilla i 15 minuter. Servera varm.

Indisk biffstek

Ingredienser

675g/1½lb nötkött, skivat för biffar

3,5 cm/1½in rot ingefära, finhackad

12 vitlöksklyftor, fint hackade

2 msk mald svartpeppar

4 medelstora lökar, finhackade

4 gröna chili, finhackad

3 msk vinäger

750 ml/1¼ pints vatten

Salt att smaka

5 msk raffinerad vegetabilisk olja plus extra för stekning

Metod

- Blanda ihop alla ingredienser, förutom oljan för stekning, i en kastrull.
- Täck med ett tätt lock och låt sjuda i 45 minuter, rör om då och då.
- Hetta upp resterande olja i en stekpanna. Tillsätt den kokta biffblandningen och fräs på medelhög värme i 5-7 minuter, vänd då och då. Servera varm.

Lamm i grön sås

Serverar 4

Ingredienser

4 msk raffinerad vegetabilisk olja

3 stora lökar, rivna

1½ tsk ingefärspasta

1 tsk vitlökspasta

675 g/1½lb lamm, hackad i 2,5 cm/1 tum bitar

½ tsk mald kanel

½ tsk mald kryddnejlika

½ tsk malen svart kardemumma

6 torra röda chili, malda

2 tsk mald koriander

½ tsk malen spiskummin

10g/¼oz korianderblad, fint hackade

4 tomater, mosade

Salt att smaka

500ml/16fl oz vatten

Metod

- Hetta upp oljan i en kastrull. Tillsätt lök, ingefärspasta och vitlökspasta. Stek på medelvärme i 2-3 minuter.

- Tillsätt alla resterande ingredienser, förutom vattnet. Blanda väl och stek i 8-10 minuter. Tillsätt vattnet. Täck med lock och låt sjuda i 40 minuter, rör om då och då. Servera varm.

Lätt lammfärs

Serverar 4

Ingredienser

3 msk senapsolja

2 stora lökar, fint hackade

7,5 cm/3in rot ingefära, finhackad

2 tsk grovmalen svartpeppar

2 tsk mald spiskummin

Salt att smaka

1 tsk gurkmeja

750g/1lb 10oz lammfärs

500ml/16fl oz vatten

Metod

- Hetta upp oljan i en kastrull. Tillsätt lök, ingefära, peppar, mald spiskummin, salt och gurkmeja. Stek i 2 minuter. Tillsätt färsen. Stek i 8-10 minuter.

- Tillsätt vattnet. Blanda väl och låt sjuda i 30 minuter. Servera varm.

Fläsk Sorpotel

(Fläsklever tillagad i Goan Gravy)

Serverar 4

Ingredienser

250ml/8fl oz maltvinäger

8 torra röda chili

10 svartpepparkorn

1 tsk spiskummin

1 msk korianderfrön

1 tsk gurkmeja

500g/1lb 2oz fläsk

250g/9oz lever

Salt att smaka

1 liter/1¾ pints vatten

120ml/4fl oz raffinerad vegetabilisk olja

5 cm/2in rot ingefära, fint skivad

20 vitlöksklyftor, fint hackade

6 gröna chili, slits på längden

Metod

- Mal hälften av vinägern med röd chili, pepparkorn, spiskummin, korianderfrön och gurkmeja till en fin deg. Avsätta.

- Blanda fläsk och lever med salt och vatten. Koka i en kastrull i 30 minuter. Häll av och reservera fonden. Tärna fläsket och levern. Avsätta.

- Hetta upp oljan i en kastrull. Lägg i det tärnade köttet och stek på låg värme i 12 minuter. Tillsätt pastan och alla övriga ingredienser. Blanda väl.

- Stek i 15 minuter. Tillsätt fonden. Sjud i 15 minuter. Servera varm.

Inlagd lamm

Ingredienser

750g/1lb 10oz lamm, hackat i tunna strimlor

Salt att smaka

1 liter/1¾ pints vatten

6 msk raffinerad vegetabilisk olja

1 tsk gurkmeja

4 msk citronsaft

2 msk mald spiskummin, torrrostad

4 msk malda sesamfrön

7,5 cm/3in rot ingefära, finhackad

12 vitlöksklyftor, fint hackade

Metod

- Blanda lammet med salt och vatten och koka i en kastrull på medelvärme i 40 minuter. Häll av och ställ åt sidan.
- Hetta upp oljan i en stekpanna. Tillsätt lammet och fritera på medelvärme i 10 minuter. Häll av och blanda med resten av ingredienserna. Servera kall.

Haleem

(Persisk tillagad fårkött)

Serverar 4

Ingredienser

500g/1lb 2oz vete, blötlagt i 2-3 timmar och dränerat

1,5 liter/2¾ pints vatten

Salt att smaka

500g/1lb 2oz fårkött, tärnad

4-5 msk ghee

3 stora lökar, skivade

1 tsk ingefärspasta

1 tsk vitlökspasta

1 tsk gurkmeja

1 tsk garam masala

Metod

- Blanda vetet med 250ml/8fl oz vatten och lite salt. Koka i en kastrull på medelvärme i 30 minuter. Mosa väl och ställ åt sidan.

- Koka fårköttet med resterande vatten och salt i en kastrull i 45 minuter. Låt rinna av och mal till en fin deg. Reservera lagret.

- Värm upp ghee. Fräs löken på låg värme tills den får färg. Tillsätt ingefärspasta, vitlökspasta, gurkmeja och köttfärs. Stek i 8 minuter. Tillsätt vetet, fonden och garam masala. Koka i 20 minuter. Servera varm.

Gröna Masala fårkotletter

Serverar 4

Ingredienser

675g/1½lb fårköttskotletter

Salt att smaka

1 tsk gurkmeja

500ml/16fl oz vatten

2 msk mald koriander

1 tsk malen spiskummin

1 msk ingefärspasta

1 msk vitlökspasta

100g/3½oz korianderblad, malda

1 tsk citronsaft

1 tsk mald svartpeppar

1 tsk garam masala

60g/2oz vanligt vitt mjöl

Raffinerad vegetabilisk olja för stekning

2 ägg, vispade

50 g/1¾oz brödsmulor

Metod

- Blanda fårköttet med salt, gurkmeja och vatten. Koka i en kastrull på medelvärme i 30 minuter. Häll av och ställ åt sidan.

- Blanda resten av ingredienserna, förutom mjöl, olja, ägg och ströbröd.

- Belägg kotletterna med denna blandning och pudra med mjölet.

- Hetta upp oljan i en stekpanna. Doppa kotletterna i ägget, rulla i ströbrödet och fräs tills de är gyllenbruna. Vänd och upprepa. Servera varm.

Bockhornsklöver lammlever

Ingredienser

4 msk raffinerad vegetabilisk olja

2 stora lökar, fint hackade

¾ tsk ingefärspasta

¾ tsk vitlökspasta

50 g/1¾oz bockhornsklöver blad, hackade

600g/1lb 5oz lammlever, tärnad

3 tomater, fint hackade

1 tsk garam masala

120ml/4fl oz varmt vatten

1 msk citronsaft

Salt att smaka

Metod

- Hetta upp oljan i en kastrull. Stek löken på medelvärme tills den blir genomskinlig. Tillsätt ingefärspasta och vitlökspasta. Stek i 1-2 minuter.
- Tillsätt bockhornsklöverbladen och levern. Fräs i 5 minuter.

- Tillsätt resterande ingredienser. Sjud i 40 minuter och servera varm.

Hussaini nötkött

(nötkött tillagat i nordindisk sås)

Serverar 4

Ingredienser

4 msk raffinerad vegetabilisk olja

675g/1½lb nötkött, fint hackat

125 g yoghurt

Salt att smaka

750 ml/1¼ pints vatten

Till kryddblandningen:

4 stora lökar

8 vitlöksklyftor

2,5 cm/1in rot ingefära

2 tsk garam masala

1 tsk gurkmeja

2 tsk mald koriander

1 tsk malen spiskummin

Metod

- Mal ihop ingredienserna till kryddblandningen till en tjock pasta.

- Hetta upp oljan i en kastrull. Tillsätt pastan och stek den på medelvärme i 4-5 minuter. Tillsätt nötköttet. Blanda väl och stek i 8-10 minuter.

- Tillsätt yoghurt, salt och vatten. Blanda väl. Täck med lock och låt sjuda i 40 minuter, rör om då och då. Servera varm.

Methi Lamb

(Lamm med bockhornsklöver)

Serverar 4

Ingredienser

120ml/4fl oz raffinerad vegetabilisk olja

1 stor lök, fint skivad

6 vitlöksklyftor, fint hackade

600g/1lb 5oz lamm, tärnad

50 g/1¾oz färska bockhornsklöverblad, finhackade

½ tsk gurkmeja

1 tsk mald koriander

125 g yoghurt

600 ml/1 pint vatten

½ tsk mald grön kardemumma

Salt att smaka

Metod

- Hetta upp oljan i en kastrull. Tillsätt lök och vitlök och fräs på medelvärme i 4 minuter.
- Tillsätt lammet. Stek i 7-8 minuter. Tillsätt resterande ingredienser. Blanda väl och låt sjuda i 45 minuter. Servera varm.

Nötkött Indad

(nötkött tillagat i ostindisk sås)

Serverar 4

Ingredienser

675g/1½lb nötkött, hackat

2,5 cm kanel

6 kryddnejlika

Salt att smaka

1 liter/1¾ pints vatten

5 msk raffinerad vegetabilisk olja

3 stora potatisar, skivade

Till kryddblandningen:

60ml/2fl oz maltvinäger

3 stora lökar

2,5 cm/1in rot ingefära

8 vitlöksklyftor

½ tsk gurkmeja

2 torra röda chili

2 tsk spiskummin

Metod

- Blanda nötköttet med kanel, kryddnejlika, salt och vatten. Koka i en kastrull på medelvärme i 45 minuter. Avsätta.

- Mal ingredienserna till kryddblandningen till en tjock pasta.

- Hetta upp oljan i en kastrull. Tillsätt kryddblandningspasta och stek på låg värme i 5-6 minuter. Tillsätt nötköttet och potatisen. Blanda väl. Sjud i 15 minuter och servera varm.

Lammgryta

Serverar 4

Ingredienser

3 msk raffinerad vegetabilisk olja

2 stora lökar, fint hackade

4 vitlöksklyftor, fint hackade

500g/1lb 2oz lamm, malet

2 tsk mald spiskummin

6 msk tomatpuré

150 g/5½ oz konserverade kidneybönor

250 ml/8fl oz köttbuljong

Mald svartpeppar efter smak

Salt att smaka

Metod

- Hetta upp oljan i en kastrull. Tillsätt lök och vitlök och fräs på medelvärme i 2-3 minuter. Tillsätt färsen och fräs i 10 minuter. Tillsätt resterande ingredienser. Blanda väl och låt sjuda i 30 minuter.
- Lägg över i en ugnssäker form. Grädda i ugn vid 180°C (350°F, gasmärke 4) i 25 minuter. Servera varm.

Lamm med kardemumma

Ingredienser

Salt att smaka

200 g yoghurt

1½ msk ingefärspasta

2½ tsk vitlökspasta

2 msk mald grön kardemumma

675g/1½lb lamm, hackad i 3,5cm/1½in bitar

6 msk ghee

6 kryddnejlika

7,5 cm/3in kanel, grovmalen

4 stora lökar, fint skivade

½ tsk saffran, indränkt i 2 msk mjölk

1 liter/1¾ pints vatten

125g/4½oz rostade valnötter

Metod

- Blanda ihop salt, yoghurt, ingefärspasta, vitlökspasta och kardemumma. Marinera köttet med denna blandning i 2 timmar.

- Hetta upp ghee i en kastrull. Tillsätt kryddnejlika och kanel. Låt dem sprattla i 15 sekunder.

- Tillsätt löken. Stek i 3-4 minuter. Tillsätt det marinerade köttet, saffran och vatten. Blanda väl. Täck med lock och låt sjuda i 40 minuter.

- Servera varm, garnerad med valnötterna.

Kheema

(Malet nötkött)

Ingredienser

5 msk raffinerad vegetabilisk olja

4 stora lökar, fint hackade

1 tsk ingefärspasta

1 tsk vitlökspasta

3 tomater, fint hackade

2 tsk garam masala

200 g/7 oz frysta ärtor

Salt att smaka

675g/1½lb nötkött, malet

500ml/16fl oz vatten

Metod

- Hetta upp oljan i en kastrull. Tillsätt löken och fräs på medelvärme tills den är brun. Tillsätt ingefärspasta, vitlökspasta, tomater, garam masala, ärtor och salt. Blanda väl. Stek i 3-4 minuter.

- Tillsätt nötköttet och vattnet. Blanda väl. Sjud i 40 minuter och servera varm.

Spicy Pork Fry

Serverar 4

Ingredienser

675 g/1½ lb fläsk, tärnad

2 stora lökar, fint hackade

1 tsk raffinerad vegetabilisk olja

1 liter/1¾ pints vatten

Salt att smaka

Till kryddblandningen:

250ml/8fl oz vinäger

2 stora lökar

1 msk ingefärspasta

1 msk vitlökspasta

1 msk mald svartpeppar

1 msk grön chili

1 msk gurkmeja

1 msk chilipulver

1 msk kryddnejlika

5 cm/2in kanel

1 msk gröna kardemummaskidor

Metod

- Mal ingredienserna till kryddblandningen till en tjock pasta.

- Blanda med resterande ingredienser i en kastrull. Täck med ett tätt lock och låt sjuda i 50 minuter. Servera varm.

Tandoori Raan

(Kryddiga lammben tillagas i en Tandoor)

Serverar 4

Ingredienser

675g/1½lb lammlår

400 g/14 oz yoghurt

2 msk citronsaft

2 tsk ingefärspasta

2 tsk vitlökspasta

1 tsk mald kryddnejlika

1 tsk mald kanel

2 tsk chilipulver

1 tsk muskot, riven

Nypa mace

Salt att smaka

Raffinerad vegetabilisk olja för bastning

Metod

- Stick hål på lammet med en gaffel.
- Blanda de återstående ingredienserna noggrant, förutom oljan. Marinera lammet med denna blandning i 4-6 timmar.
- Stek lammet i en ugn vid 180°C (350°F, gasmärke 4) i 1½-2 timmar, tråckla då och då. Servera varm.

Talaa lamm

(stekt lamm)

Serverar 4

Ingredienser

675g/1½lb lamm, hackad i 5 cm/2in bitar

Salt att smaka

1 liter/1¾ pints vatten

4 msk ghee

2 stora lökar, skivade

Till kryddblandningen:

8 torra chili

1 tsk gurkmeja

1½ msk garam masala

2 tsk vallmofrön

3 stora lökar, fint hackade

1 tsk tamarindpasta

Metod

- Mal ingredienserna till kryddblandningen med vatten för att göra en tjock pasta.

- Blanda denna pasta med köttet, saltet och vattnet. Koka i en kastrull på medelvärme i 40 minuter. Avsätta.

- Hetta upp ghee i en kastrull. Tillsätt löken och fräs på medelvärme tills den är brun. Tillsätt köttblandningen. Sjud i 6-7 minuter och servera varm.

Bräserad tunga

Serverar 4

Ingredienser

900g/2lb nöttunga

Salt att smaka

1 liter/1¾ pints vatten

1 tsk ghee

3 stora lökar, fint hackade

5 cm/2in rot ingefära, skuren

4 tomater, fint hackade

125 g/4½ oz frysta ärtor

10 g/¼oz myntablad, fint hackade

1 tsk maltvinäger

1 tsk mald svartpeppar

½ msk garam masala

Metod

- Lägg tungan i en kastrull med salt och vatten och koka på medelvärme i 45 minuter. Låt rinna av och svalna en stund. Skala skinnet och skär i strimlor. Avsätta.

- Hetta upp ghee i en kastrull. Tillsätt lök och ingefära och fräs på medelvärme i 2-3 minuter. Tillsätt den kokta tungan och alla resterande ingredienser. Sjud i 20 minuter. Servera varm.

Friterade fårköttsrullar

Serverar 4

Ingredienser

75 g/2½ oz cheddarost, riven

½ tsk mald svartpeppar

1 tsk ingefärspasta

1 tsk vitlökspasta

3 ägg, vispade

50g/1¾oz korianderblad, hackade

100 g/3½ oz ströbröd

Salt att smaka

675g/1½lb benfritt fårkött, hackat i 10 cm/4in bitar och tillplattat

4 msk ghee

250ml/8fl oz vatten

Metod

- Blanda ihop alla ingredienser, utom kött, ghee och vatten. Applicera blandningen på ena sidan av köttbitarna. Rulla varje bit tätt och bind med ett snöre.

- Hetta upp ghee i en stekpanna. Tillsätt fårköttsrullarna och stek på medelvärme tills de är gyllenbruna. Tillsätt vattnet. Sjud i 15 minuter och servera varm.

Masala leveryngel

Ingredienser

4 msk raffinerad vegetabilisk olja

675g/1½lb lammlever, skuren i 5 cm/2in remsor

2 msk ingefära, finhackad

15 vitlöksklyftor, fint hackade

8 gröna chili, slits på längden

2 tsk mald spiskummin

1 tsk gurkmeja

125 g yoghurt

1 tsk mald svartpeppar

Salt att smaka

50g/1¾oz korianderblad, hackade

Saften av 1 citron

Metod

- Hetta upp oljan i en kastrull. Lägg i leverstrimlorna och stek dem på medelvärme i 10-12 minuter.

- Tillsätt ingefära, vitlök, grön chili, spiskummin och gurkmeja. Stek i 3-4 minuter. Tillsätt yoghurt, peppar och salt. Fräs i 6-7 minuter.

- Tillsätt korianderbladen och citronsaften. Fräs på låg värme i 5-6 minuter. Servera varm.

Kryddig bifftunga

Serverar 4

Ingredienser

900g/2lb nöttunga

Salt att smaka

1,5 liter/2¾ pints vatten

2 tsk spiskummin

12 vitlöksklyftor

5 cm/2in kanel

4 kryddnejlika

6 torra röda chili

8 svartpepparkorn

6 msk maltvinäger

3 msk raffinerad vegetabilisk olja

2 stora lökar, fint hackade

3 tomater, fint hackade

1 tsk gurkmeja

Metod

- Koka tungan med saltet och 1,2 liter/2 pints vatten i en kastrull på låg värme i 45 minuter. Skala huden. Tärna tungorna och ställ åt sidan.

- Mal spiskumminfrön, vitlök, kanel, kryddnejlika, torr röd chili och pepparkorn med vinägern för att få en jämn deg. Avsätta.

- Hetta upp oljan i en kastrull. Stek löken på medelvärme tills den blir genomskinlig. Tillsätt mald pasta, tärnad tunga, tomater, gurkmeja och det återstående vattnet. Sjud i 20 minuter och servera varm.

Lamm Pasandas

(Lammkebab i yoghurtsås)

Serverar 4

Ingredienser

½ msk raffinerad vegetabilisk olja

3 stora lökar, skivade på längden

¼ liten omogen papaya, mald

200 g yoghurt

2 tsk garam masala

Salt att smaka

750g/1lb 10oz benfritt lamm, hackat i 5 cm/2in bitar

Metod

- Hetta upp oljan i en kastrull. Fräs löken på låg värme tills den får färg.

- Låt rinna av och mal löken till en deg. Blanda med resten av ingredienserna, förutom lammet. Marinera lammet med denna blandning i 5 timmar.

- Lägg i en pajform och grädda i ugn vid 180°C (350°F, gasmärke 4) i 30 minuter. Servera varm.

Lamm & Äpple Curry

Serverar 4

Ingredienser

5 msk raffinerad vegetabilisk olja

4 stora lökar, skivade

4 stora tomater, blancherade (se matlagningstekniker)

½ tsk vitlökspasta

2 tsk mald koriander

2 tsk mald spiskummin

1 tsk chilipulver

30g/1oz cashewnötter, malda

750g/1lb 10oz benfritt lamm, hackat i 2,5 cm/1in bitar

200 g yoghurt

1 tsk mald svartpeppar

Salt att smaka

750 ml/1¼ pints vatten

4 äpplen, hackade i 3,5 cm stora bitar

120ml/4fl oz färsk singelkräm

Metod

- Hetta upp oljan i en stekpanna. Fräs löken på låg värme tills den får färg.
- Tillsätt tomater, vitlökspasta, koriander och spiskummin. Stek i 5 minuter.
- Tillsätt övriga ingredienser, förutom vattnet, äpplena och grädden. Blanda väl och fräs i 8-10 minuter.
- Häll i vattnet. Sjud i 40 minuter. Tillsätt äpplena och rör om i 10 minuter. Tillsätt grädden och rör om i ytterligare 5 minuter. Servera varm.

Torrt fårkött i Andhra-stil

Ingredienser

675g/1½lb fårkött, hackat

4 stora lökar, fint skivade

6 tomater, fint hackade

1½ tsk ingefärspasta

1½ tsk vitlökspasta

50g/1¾oz färsk kokos, riven

2½ msk garam masala

½ tsk mald svartpeppar

1 tsk gurkmeja

Salt att smaka

500ml/16fl oz vatten

6 msk raffinerad vegetabilisk olja

Metod

- Blanda alla ingredienser, utom oljan, tillsammans. Koka i en kastrull på medelvärme i 40 minuter. Låt köttet rinna av och släng fonden.

- Hetta upp oljan i en annan kastrull. Tillsätt det tillagade köttet och stek på medelvärme i 10 minuter. Servera varm.

Enkel nötkött curry

Ingredienser

3 msk raffinerad vegetabilisk olja

2 stora lökar, fint hackade

750g/1lb 10oz nötkött, hackat i 2,5 cm/1in bitar

1 tsk ingefärspasta

1 tsk vitlökspasta

1 tsk chilipulver

½ tsk gurkmeja

Salt att smaka

300g/10oz yoghurt

1,2 liter/2 pints vatten

Metod

- Hetta upp oljan i en kastrull. Fräs löken på låg värme tills den får färg.
- Tillsätt resten av ingredienserna, förutom yoghurten och vattnet. Stek i 6-7 minuter. Tillsätt yoghurten och vattnet. Sjud i 40 minuter. Servera varm.

Gosht Korma

(Rik fårkött i sås)

Serverar 4

Ingredienser

3 msk vallmofrön

75g/2½oz cashewnötter

50g/1¾oz torkad kokosnöt

3 msk raffinerad vegetabilisk olja

1 stor lök, fint skivad

2 msk ingefärspasta

2 msk vitlökspasta

675g/1½lb benfritt fårkött, i tärningar

200 g yoghurt

10g/¼oz korianderblad, hackade

10g/¼oz myntablad, hackade

½ tsk garam masala

Salt att smaka

1 liter/1¾ pints vatten

Metod

- Torrrosta vallmofrön, cashewnötter och kokos. Mal med tillräckligt med vatten för att bilda en tjock pasta. Avsätta.

- Hetta upp oljan i en kastrull. Fräs löken, ingefärsmassan och vitlöksmassan på medelvärme i 1-2 minuter.

- Tillsätt vallmofrön-cashewnöttspasta och övriga ingredienser, förutom vattnet. Blanda väl och stek i 5-6 minuter.

- Tillsätt vattnet. Sjud i 40 minuter, rör om ofta. Servera varm.

Erachi Chops

(Mamma fårkotletter)

Serverar 4

Ingredienser

750g/1lb 10oz fårköttskotletter

Salt att smaka

1 tsk gurkmeja

1 liter/1¾ pints vatten

2 msk raffinerad vegetabilisk olja

1 tsk ingefärspasta

1 tsk vitlökspasta

3 stora lökar, skivade

5 gröna chili, slits på längden

2 stora tomater, fint hackade

½ tsk mald koriander

1 msk mald svartpeppar

1 msk citronsaft

2 msk korianderblad, hackade

Metod

- Marinera fårkotletterna med salt och gurkmeja i 2-3 timmar.

- Koka köttet med vattnet på låg värme i 40 minuter. Avsätta.

- Hetta upp oljan i en kastrull. Tillsätt ingefärspasta, vitlökspasta, lök och grön chili och stek dem på medelvärme i 3-4 minuter.

- Tillsätt tomaterna, malen koriander och peppar. Blanda väl. Stek i 5-6 minuter. Tillsätt fårköttet och fräs i 10 minuter.

- Garnera med citronsaft och korianderblad. Servera varm.

Bakad färs

Serverar 4

Ingredienser

3 msk raffinerad vegetabilisk olja

2 stora lökar, fint hackade

6 vitlöksklyftor, fint hackade

600g/1lb 5oz fårkött, malet

2 tsk mald spiskummin

125 g/4½ oz tomatpuré

600g/1lb 5oz konserverade kidneybönor

500ml/16fl oz fårköttsfond

½ tsk mald svartpeppar

Salt att smaka

Metod

- Hetta upp oljan i en kastrull. Tillsätt lök och vitlök. Stek på låg värme i 2-3 minuter. Tillsätt resterande ingredienser. Sjud i 30 minuter.

- Överför till en ugnssäker form och grädda i ugn vid 200°C (400°F, gasmärke 6) i 25 minuter. Servera varm.

Kaleji Do Pyaaza

(Lever med lök)

Serverar 4

Ingredienser

4 msk ghee

3 stora lökar, fint hackade

2,5 cm/1in rot ingefära, finhackad

10 vitlöksklyftor, fint hackade

4 gröna chili, slits på längden

1 tsk gurkmeja

3 tomater, fint hackade

750g/1lb 10oz lammlever, tärnad

2 tsk garam masala

200 g yoghurt

Salt att smaka

250ml/8fl oz vatten

Metod

- Hetta upp ghee i en kastrull. Tillsätt lök, ingefära, vitlök, grön chili och gurkmeja och fräs på medelvärme i 3-4 minuter. Tillsätt alla resterande ingredienser, förutom vattnet. Blanda väl. Stek i 7-8 minuter.
- Tillsätt vattnet. Sjud i 30 minuter, rör om då och då. Servera varm.

Lamm på benet

Ingredienser

30g/1oz myntablad, fint hackade

3 gröna chili, finhackad

12 vitlöksklyftor, fint hackade

Saften av 1 citron

675g/1½lb lammlår, hackad i 4 bitar

5 msk raffinerad vegetabilisk olja

Salt att smaka

500ml/16fl oz vatten

1 stor lök, finhackad

4 stora potatisar, tärnade

5 små auberginer, halverade

3 tomater, fint hackade

Metod

- Mal myntabladen, grön chili och vitlök med tillräckligt med vatten för att bilda en slät pasta. Tillsätt citronsaften och blanda väl.

- Marinera köttet med denna blandning i 30 minuter.

- Hetta upp oljan i en kastrull. Tillsätt det marinerade köttet och stek på låg värme i 8-10 minuter. Tillsätt salt och vatten och låt sjuda i 30 minuter.

- Tillsätt alla resterande ingredienser. Sjud i 15 minuter och servera varm.

Biff Vindaloo

(Goan Beef Curry)

Serverar 4

Ingredienser

3 stora lökar, fint hackade

5 cm/2in rot ingefära

10 vitlöksklyftor

1 msk spiskummin

½ msk mald koriander

2 tsk röd chili

½ tsk bockhornsklöverfrön

½ tsk senapsfrön

60ml/2fl oz maltvinäger

Salt att smaka

675 g/1½ lb benfritt nötkött, hackat i 2,5 cm/1 tum bitar

3 msk raffinerad vegetabilisk olja

1 liter/1¾ pints vatten

Metod

- Mal ihop alla ingredienser, utom kött, olja och vatten, till en tjock pasta. Marinera köttet med denna pasta i 2 timmar.

- Hetta upp oljan i en kastrull. Tillsätt det marinerade köttet och fräs på låg värme i 7-8 minuter. Tillsätt vattnet. Sjud i 40 minuter, rör om då och då. Servera varm.

Biff curry

Serverar 4

Ingredienser

4 msk raffinerad vegetabilisk olja

3 stora lökar, rivna

1½ msk mald spiskummin

1 tsk gurkmeja

1 tsk chilipulver

½ msk mald svartpeppar

4 medelstora tomater, mosade

675 g/1½ lb magert nötkött, hackat i 2,5 cm/1 tum bitar

Salt att smaka

1½ tsk torra bockhornsklöverblad

250ml/8fl oz singelkräm

Metod

- Hetta upp oljan i en kastrull. Tillsätt löken och stek dem på medelvärme tills de får färg.

- Tillsätt resterande ingredienser, förutom bockhornsklöverbladen och grädden.

- Blanda väl och låt sjuda i 40 minuter. Tillsätt bockhornsklöverbladen och grädden. Koka i 5 minuter och servera varm.

Fårkött med pumpa

Serverar 4

Ingredienser

750g/1lb 10oz fårkött, hackat

200 g yoghurt

Salt att smaka

2 stora lökar

2,5 cm/1in rot ingefära

7 vitlöksklyftor

5 msk ghee

¾ tsk gurkmeja

1 tsk garam masala

2 lagerblad

750 ml/1¼ pints vatten

400 g/14 oz pumpa, kokt och mosad

Metod

- Marinera fårköttet med yoghurt och salt i 1 timme.

- Mal löken, ingefäran och vitlöken med tillräckligt med vatten för att bilda en tjock pasta. Hetta upp ghee i en kastrull. Tillsätt pastan tillsammans med gurkmejan och fräs i 3-4 minuter.

- Tillsätt garam masala, lagerblad och fårköttet. Stek i 10 minuter.

- Tillsätt vattnet och pumpan. Sjud i 40 minuter och servera varm.

Gushtaba

(Kashmiri-stil fårkött)

Serverar 4

Ingredienser

675g/1½lb benfritt fårkött

6 st svarta kardemummakapslar

Salt att smaka

4 msk ghee

4 stora lökar, skivade i ringar

600g/1lb 5oz yoghurt

1 tsk malda fänkålsfrön

1 msk mald kanel

1 msk mald kryddnejlika

1 msk myntablad, krossade

Metod

- Slå fårköttet med kardemumma och salt tills det är mjukt. Dela i 12 bollar och ställ åt sidan.

- Hetta upp ghee i en kastrull. Fräs löken på låg värme tills den får färg. Tillsätt yoghurten och låt sjuda i 8-10 minuter under konstant omrörning.

- Tillsätt köttbullarna och alla resterande ingredienser, förutom myntabladen. Sjud i 40 minuter. Servera garnerad med myntabladen.

Fårkött med blandade grönsaker och örter

Serverar 4

Ingredienser

5 msk raffinerad vegetabilisk olja

3 stora lökar, fint hackade

750g/1lb 10oz fårkött, tärnad

50 g/1¾oz amarantblad*, finhackat

100g/3½oz spenatblad, fint hackade

50 g/1¾oz bockhornsklöver blad, hackade

50g/1¾oz dillblad, fint hackade

50g/1¾oz korianderblad, hackade

1 tsk ingefärspasta

1 tsk vitlökspasta

3 gröna chili, finhackad

1 tsk gurkmeja

2 tsk mald koriander

1 tsk malen spiskummin

Salt att smaka

1 liter/1¾ pints vatten

Metod

- Hetta upp oljan i en kastrull. Fräs löken på medelvärme tills den är brun. Tillsätt resten av ingredienserna förutom vattnet. Fräs i 12 minuter.
- Tillsätt vattnet. Sjud i 40 minuter och servera varm.

Lemony lamm

Serverar 4

Ingredienser

750g/1lb 10oz lamm, hackad i 2,5 cm/1in bitar

2 tomater, fint hackade

4 gröna chili, finhackad

1 tsk ingefärspasta

1 tsk vitlökspasta

2 tsk garam masala

125 g yoghurt

500ml/16fl oz vatten

Salt att smaka

1 msk raffinerad vegetabilisk olja

10 schalottenlök

3 msk citronsaft

Metod

- Blanda lammet med alla övriga ingredienser, förutom oljan, schalottenlök och citronsaft. Koka i en kastrull på medelvärme i 45 minuter. Avsätta.

- Hetta upp oljan i en kastrull. Stek schalottenlöken på låg värme i 5 minuter.
- Blanda med lammcurryn och strö över citronsaften. Servera varm.

Lammpasanda med mandel

(Lammbitar med mandel i yoghurtsås)

Serverar 4

Ingredienser

120ml/4fl oz raffinerad vegetabilisk olja

4 stora lökar, fint hackade

750g/1lb 10oz benfritt lamm, hackat i 5 cm/2in bitar

3 tomater, fint hackade

1 tsk ingefärspasta

1 tsk vitlökspasta

2 tsk mald spiskummin

1½ tsk garam masala

Salt att smaka

200 g grekisk yoghurt

750 ml/1¼ pints vatten

25 mandlar, grovt bankade

Metod

- Hetta upp oljan i en kastrull. Tillsätt löken och fräs på låg värme i 6 minuter. Tillsätt lammet och stek i 8-10 minuter. Tillsätt resten av ingredienserna, förutom yoghurten, vattnet och mandeln. Fräs i 5-6 minuter.
- Tillsätt yoghurt, vatten och hälften av mandeln. Sjud i 40 minuter, rör om ofta. Servera beströdd med resterande mandel.

Fläskkorv Chili Fry

Serverar 4

Ingredienser

2 msk olja

1 stor lök, skivad

400 g/14 oz fläskkorv

1 grön paprika, finhackad

1 potatis, kokt och hackad

½ tsk ingefärspasta

½ tsk vitlökspasta

½ tsk chilipulver

¼ tsk gurkmeja

10g/¼oz korianderblad, hackade

Salt att smaka

4 msk vatten

Metod

- Hetta upp oljan i en kastrull. Tillsätt löken och fräs en minut. Sänk värmen och tillsätt alla övriga ingredienser, förutom vattnet. Stek försiktigt i 10-15 minuter tills korvarna är genomstekta.
- Tillsätt vattnet och koka på låg värme i 5 minuter. Servera varm.

Fårkött Shah Jahan

(Fårkött tillagat i Rich Moghlai Gravy)

Serverar 4

Ingredienser

5-6 msk ghee

4 stora lökar, skivade

675g/1½lb fårkött, hackat

1 liter/1¾ pints vatten

Salt att smaka

8-10 mandlar, krossade

Till kryddblandningen:

8 vitlöksklyftor

2,5 cm/1in rot ingefära

2 tsk vallmofrön

50g/1¾oz korianderblad, hackade

5 cm/2in kanel

4 kryddnejlika

Metod

- Mal ingredienserna till kryddblandningen till en pasta. Avsätta.

- Hetta upp ghee i en kastrull. Fräs löken på låg värme tills den får färg.

- Tillsätt kryddblandningspastaen. Stek i 5-6 minuter. Tillsätt fårköttet och fräs i 18-20 minuter. Tillsätt vattnet och saltet. Sjud i 30 minuter.

- Garnera med mandeln och servera varm.